ARTE PARA SERVIR A DIOS

VOLE·TAN·ALTO·TAN·ALTO·QUE
LE·DI·A·LA·CAZA·ALCANCE

FRAY ALONSO DE MADRID

ARTE PARA SERVIR A DIOS

Segunda edición

EDICIONES RIALP
MADRID

© 2025 *by* EDICIONES RIALP, S. A.,
Manuel Uribe 13-15, 28033 MADRID
(www.rialp.com)

Primera edición en Neblí: 1960
Segunda edición: 2025

Preimpresión: produccioneditorial.com

ISBN (edición impresa): 978-84-321-7217-5
ISBN (edición digital): 978-84-321-7218-2
ISBN (edición bajo demanda): 978-84-321-7219-9
ISNI: 0000 0001 0725 313X
Depósito legal: M-17981-2025

Impreso en España   *Printed in Spain*

Anzos, S. L., Fuenlabrada (Madrid)

ÍNDICE

PRESENTACIÓN 9

PRÓLOGO 19

PRIMERA PARTE

NOTABLE I. En que después de algunos avisos y consideraciones generales, pone un sumario de la evangélica perfección. Y pone también donde viene parecer este libro en algunas partes dificultoso de ser entendido; pero que se puede decir tan claro, que ayuda mucho a entender los otros libros que comúnmente se leen 27

NOTABLE II 37

NOTABLE III. De dos maneras que hay de servir a Dios, y de cuánta obligación tienen todos y mucho más los religiosos de servir en la segunda, que es más alta: y de una declaración de ella; y que a esta segunda en especial se provee aquí de arte 51

NOTABLE IV. De una consideración del estrago causado en el alma por el pecado, del cual pecado no es tan dificultoso, aunque posible, el alto servir a Dios para que nacimos, y pone en general en qué está el reparo de este estrago 55

NOTABLE V. De los instrumentos que nos son dados en el cuerpo y en el alma para obrar este reparo; pero que principalmente toda la Santidad está en obrar de continuo con los del alma 59

NOTABLE VI. El sexto notable es del poder que tenemos para obrar con el más alto instrumento del ánimo, que es la voluntad; esto es, que nosotros podemos querer o amar, o dejar de querer o amar cualquier cosa que quisiéremos y cuantas veces quisiéremos; y con la misma voluntad dar a nuestra obra el fin que quisiéremos. Y este notable es necesario cada instante de nuestra vida y en gran manera y en especial contra los primeros movimientos 65

NOTABLE VII.. 73

SEGUNDA PARTE

1. DE LA CONTRICIÓN 83
2. DEL PROPIO ABORRECIMIENTO 87
3. DE TRES COSAS NECESARIAS PARA ADORNAR EL ALMA 101
4. DE LA ORACIÓN.. 103
5. DE ALGUNAS VIRTUDES EN COMÚN 115
6. DE LA HUMILDAD 117
7. DE LA VANAGLORIA.. 125
8. DE LA PACIENCIA 131
9. DE LAS PASIONES DEL ALMA..................................... 135

TERCERA PARTE

1. DEL AMOR DE DIOS.. 147
2. DEL AMOR DEL PRÓJIMO... 177
3. DEL AMOR DE SÍ MISMO... 183

PRESENTACIÓN

Puede decirse que el Siglo de Oro de la literatura ascético-mística española —con las salvedades a que han de someterse afirmaciones de un tal tenor— comienza el año 1500 con la publicación en el Monasterio de Montserrat del *Ejercitatorio de la vida espiritual,* de García Jiménez de Cisneros, O. S. B. Cronológicamente, la segunda obra cumbre está constituida por el *Arte para servir a Dios,* de fray Alonso de Madrid, O. F. M., publicado por primera vez en Sevilla en 1521, mientras san Ignacio de Loyola era herido de una pierna en la defensa de Pamplona e iniciaba su conversión a Dios. Ambos libros llegaron a ser prontamente fuentes literarias fundamentales para nuestros místicos y ascetas de los siglos XVI y XVII. Del *Ejercitatorio* del primer abad reformado de Montserrat ya hablamos en su día[1]; nos basta ahora el siguiente dato, referente al

---

[1] Cfr. García Jiménez de Cisneros, *Ejercitatorio de la vida espiritual,* Neblí, n.º 14, Madrid. 1957.

Arte de fray Alonso: de 1521 a 1600 se conocen de él, por lo menos, quince ediciones en castellano, seis en latín y cuatro en francés.

¿Qué representa el libro de fray Alonso de Madrid en la historia literaria de la espiritualidad española? Nada menos, quizá, que la primera exposición sistemática del método, *arte*, para ordenar las facultades anímicas al conocimiento de sí mismo y, sobre todo, a la operación de laborar el terreno del alma para hacer prender en él, con todo vigor y presteza, el amor de Dios, vínculo y esencia de la perfección cristiana.

El *Ejercitatorio,* de García de Cisneros, fue el libro que primeramente explicó en habla castellana y con mano segura y experta cómo se hace oración, qué métodos se deben seguir, cuán necesario es tener un plan de vida —según diríamos hoy— si se quiere caminar seriamente hacia la santificación y, finalmente, qué actos y ejercicios fundamentales deben integrar ese plan de vida. El *Arte,* de fray Alonso, fue correlativamente, el primero que expuso con maestría el método para mover la voluntad y el entendimiento en orden a poner por obra todo cuanto en los libros de espiritualidad se había mostrado que es preciso normalmente hacer para alcanzar la santidad de vida. En este sentido y en cuanto al tiempo, fray Alonso de Madrid es el primer escritor de la mística española, pues él inicia vigorosamente la corriente de la sana y profunda introspección psicológica, nota la más característica y sobresaliente de nuestros autores espirituales del Siglo de Oro y que daría los frutos más logrados en san Ignacio, de una parte, y en santa Teresa, san Juan de la Cruz y fray Juan de los Ángeles, de otra.

Hoy día habrá que dar por seguro el hondo y fundamental influjo que el *Arte para servir a Dios* tuvo en nuestros grandes místicos posteriores y que, en gran parte, fue en él donde aprendieron a hacer con hondura el fino análisis de los movimientos de su propia alma. Santa Teresa, con su acostumbrada intuición, ya había dicho de este libro: «Puede [el alma] en este estado hacer muchos actos para determinarse a hacer mucho por Dios y despertar el amor; otros para ayudar a crecer las virtudes, a lo que dice un libro llamado *Arte para servir a Dios*, que es muy bueno y apropiado para los que están en este estado...»[2]. Elogios semejantes salieron de otros muchos varones ilustres de aquellos tiempos, como Ambrosio de Morales, Francisco Doms, Lucas García, fray Juan de los Ángeles, fray Diego Murillo, etc., y, más tarde, de todos los estudiosos de este género literario, desde Menéndez y Pelayo hasta Sainz Rodríguez.

El *Arte para servir a Dios* está dividido en tres partes. La primera contiene los principios generales de

---

[2] SANTA TERESA DE JESÚS, *Libro de su vida*, capítulo XII.

la perfección cristiana, y pone en guardia a los lectores contra las ideas engañosas acerca de la vida, interior, como las manifestaciones demasiado sensibles de la piedad. La segunda enseña principalmente el conocimiento de sí mismo, el modo de practicar las virtudes y de entregarse a la vida de oración. La tercera es, quizá, la parte más relevante y original: es en esta donde enseña, con verdadera pericia pedagógica, el camino del amor de Dios y los actos que se han de hacer para progresar en él.

La idea central de esta tercera parte podría ser resumida según la fórmula que el mismo fray Alonso enuncia y explica: que todo debemos hacerlo no solo con amor, sino con amor y por amor: «Notemos... aquello que nuestro Redentor dice en la dicha segunda manera, esto es: Ven y sígueme, que quiere decir a cada uno y a todos que cumplamos cuanto está escrito para nuestra doctrina, haciéndolo no solamente con amor, pero con amor y por amor juntamente, porque estas son las pisadas que Él nos amonesta seguir...»[3].

Fray Alonso había concebido su libro haciendo esta reflexión: «En esta propiedad se diferencia el hombre de los otros linajes de animales: porque estos todos se rigen sin arte, por un natural instinto; pero el hombre por arte y razón»[4].

---

[3] *Arte para servir a Dios*, Notable II.
[4] Fray ALONSO, *Arte*, Prólogo del autor.

De aquí saca la consecuencia de que para servir y amar a Dios, operación la más humana y principal del hombre, debe este actuar como en las demás obras, esto es, con arte para llevarla a cabo; precisamente, la falta de este arte es lo que frustra los esfuerzos de muchos para conseguir la santidad de vida. Es por esto por lo que Alonso de Madrid dice de su libro «que casi todo él se ocupa principalmente en dar arte y manera para mover el entendimiento y voluntad, a saber, cómo habemos de poner en obra las grandes cosas de que todos los libros están muy llenos»[5]. Era, pues, consciente fray Alonso de la novedad de su libro, y con tal propósito lo escribió, para que sirviera de introducción a los demás libros, «declarador de todos ellos, como de hecho ya lo han experimentado muchos que a él se han dado», según él mismo dice en la segunda edición, hecha en Alcalá de Henares en 1526.

La vía mística de fray Alonso de Madrid, como buen franciscano, es la que se ha convenido en llamar vía voluntarista: su meta es directamente el amor de Dios, y los medios y razonamientos por los que discurre el pensamiento cuadran mejor con lo que podría llamarse filosofía del amor. Era el camino ya iniciado por la mística hispano-franciscana de la Baja Edad Media, cuyos representantes

---

[5] Cfr. *Ibíd.*

más egregios habían sido san Antonio y el beato Raimundo Lulio. Es una vía más sencilla que la intelectualista; por ella pueden ir incluso las inteligencias menos cultivadas y es la que principalmente seguirá la mayor parte de la mística española, no solo la franciscana, sino también la carmelita de santa Teresa, san Juan de la Cruz y fray Miguel de la Fuente.

Por los años en que escribe fray Alonso, la prosa castellana dista mucho aún de la agilidad y elegancia que conseguiría nada más que unos treinta años más tarde. No es de extrañar que el estilo de nuestro autor sea aún algo embarazoso, aunque sí castizo: repite palabras, denotando escasez de vocabulario, y se revuelve poco ágil en expresiones lentas y farragosas. Está, pues, lejano aún de la fluidez, perfección y donosura de un fray Luis de Granada, por ejemplo, de la facilidad de un Juan de Ávila o de la gracia y genio de santa Teresa, y se puede observar en él todavía el influjo estilístico de los maestros escolásticos latinos: precisión conceptual, desaliño y despreocupación estética, escasez de vocablos, esquematismo y orden perfectos.

Estas circunstancias harán, alguna que otra vez, menos agradable la lectura a las personas no encariñadas con el castellano antiguo. No obstante, hemos respetado los giros y expresiones del autor —otra cosa hubiera sido profanar su estilo y aun la misma lengua castellana—, salvo en contadas ocasiones, en que el sentido hubiera permanecido excesivamente dificultoso. Así, por ejemplo, hemos sustituido la arcaica preposición *ca* por sus equivalentes *porque*, pues, allí donde hubiera presentado oscuridad para ciertos lectores.

Para nuestra publicación hemos seguido no la edición príncipe de Sevilla de 1521, sino la segunda, hecha en Alcalá de Henares en 1526, corregida por el mismo Alonso de Madrid. Esta edición presenta bastantes ventajas sobre la príncipe. Modernamente la edición de Alcalá ha sido reeditada por Miguel Mir en el vol. 16 de la "Nueva Biblioteca de Autores Españoles", Madrid, Bailly Baillière, 1911, y seguida también por el Padre Juan Bautista Gomis, O. F. M., en el vol. 38 de la "Biblioteca de Autores Cristianos", Madrid, 1948. La edición de la B. A. C. es notoriamente superior a la de Mir, a la que se escaparon abundantes erratas y aun pequeñas omisiones. Además, la del Padre Gomis ha verificado las citas explícitas de la Sagrada Escritura, que hemos podido aprovechar para la nuestra.

En cuanto a la puntuación y a la corrección de la ortografía nos ha sido también muy útil la edición de la B. A. C. En general, hemos preferido B. A. C. sobre Mir. En algunas contadas ocasiones, puntuación y ortografía han sido enmendadas respecto a las ediciones precedentes a la nuestra, en gracia a la mayor claridad del texto y facilidad de nuestros lectores y conforme a las costumbres y reglas de la sintaxis actual.

El *Arte para servir a Dios* se hace más interesante y sugestivo a medida que se progresa en su lectura. Por ello no debe desanimarse el que lo empiece si en las primeras páginas fray Alonso se demora en advertencias preliminares; al contrario, siga adelante y comprobará la oportunidad de ellas y podrá saborear la muy decantada doctrina del autor y el fruto tan sano y eficaz de sus palabras.

Muchos sentirán una legítima curiosidad por saber algo más de la vida de fray Alonso de Madrid. Desgraciadamente, apenas se tienen datos para su biografía. Únicamente que debió nacer en la que luego sería corte y capital de España: que por la fecha de publicación del *Arte* hay que suponer que vería la luz poco antes del descubrimiento de América; que ingresó en la Orden de san Francisco de Asís, de la Provincia de Castilla; que fue buen teólogo y muy buen confesor y director de almas, según el testimonio experimental del docto Ambrosio de Morales, que fue dirigido suyo en Salamanca; que los bibliógrafos han conservado una tradición constante sobre la fama de sus virtudes, y, finalmente, que escribió otros libros notables de espiritualidad, como *Espejo de ilustres personas* (del que se han hecho por lo menos doce ediciones en castellano, seis en latín, tres en francés y dos en italiano), *Memorial de la vida de Cristo, Siete meditaciones de la Semana Santa* y *Tratado de Doctrina Cristiana.*

J. M.ª C.

PRÓLOGO

Prólogo en el cual se declara de cuánta necesidad es haber escrito *Arte para servir a Dios*; donde también el autor da cuenta de algunas adiciones que hizo en ella, después de haber sido impresa en diversas partes, y que se añadió sin deshacer lo que primeramente fue impreso; el cual comienza de esta manera:

COMO DIGA EL BIENAVENTURADO san Ambrosio que la ignorancia de la orden y manera con que debemos obrar turba mucho la forma del merecer, y no se debe pensar, según él mismo dice, que tenemos perfecto conocimiento de la cosa si sabemos lo que debemos hacer y dejamos de saber el orden de proceder, se manifiesta aquí que poco podría aprovechar saber todo lo que está escrito para servir a Dios si no supiésemos qué manera y orden debemos tener para ponerlo por obra. Y como quiera que el *arte* para todo bien venga del soberano artífice, que es Dios, y muchos sean de su bondad alumbrados y prevenidos en bendiciones de suavidad y dulzor, no por eso debemos dejar ni se nos quita la obligación de hacer lo que en nosotros es, escudriñando sus mandamientos y querer y cuanto fuere menester para perfectamente cumplirlo.

Será, pues, para esto provechosa la breve forma o arte que se sigue para saber poner en obra las grandes cosas que la Santa Escritura nos enseña; para lo cual no parece menos justo buscar *arte* que para otra cualquier cosa que deseamos bien obrar y saber; y en buscar este *arte* han gastado mucho tiempo los doctores santos y católicos, y le escribieron por luengas palabras en diversos escritos; de lo cual todo se escribe aquí un breve sumario de ahí recogido. Y porque esta pequeña obra se ha de enderezar principalmente a los ejercicios del alma, parecerá a las veces algo dificultosa a los no ejercitados en el conocimiento de los oficios de las potencias del alma; y por ocasión de esta dificultad, y por ir en forma de *arte*, que requiere mucha práctica, se repetirán y dirán algunas palabras que sin esta ocasión se pudieran excusar.

Y comenzando de añadir, notaremos que por esta misma ocasión, conocida más enteramente por relación de algunos que sintieron tal dificultad leyendo la presente obra después de publicada y algunas veces impresa, pareció al autor de ella hacer algunas adiciones muy provechosas. No, empero, por estas *adiciones* se contradice ni muda algo de lo contenido en las partes primero impresas, mas en tanta manera se quedan en su fuerza, que quien las tuviere no ha menester lo que aquí se añade, salvo para mejor sentir y entender lo contenido en ella y para responder en algunas dudas que suelen ocurrir a quien flacamente sintiere. Solamente se muda todo el primer *notable* en otro que pareció ser más provechoso.

Y proveyendo en este *Prólogo* algo, para cumplir con todos, pareció en especial muy oportuno mostrar en él algo más largamente la necesidad que hay de tener por escrito *Arte para servir a Dios*. Para lo cual notaremos que no es otra cosa decir que no es menester *arte*, sino decir que no es menester dar avisos para saber cómo nos debemos ayudar para servir a Dios, como (según verdad) toda Escritura testifica que son menester avisos; y san Pablo dice que *ayudadores de Dios somos*[1] y no ayuda bien el que no ayuda en cuanto puede y debe. Y no es otra cosa bien ayudarnos, sino mover nuestra alma en cuanto hiciéramos, según las reglas de la presente arte, como toda la teología lo manifiesta por más largas palabras.

Y miremos que aun el mismo filósofo dice en su *Metafísica* que el linaje de los hombres vive por el arte; en que parece mostrar que en esta propiedad se diferencia el hombre de los otros linajes de animales, porque estos todos se rigen sin arte por un natural instinto, pero el hombre por arte y razón; y se podría decir que casi como con natural instinto

---

[1] *I Cor.* III, 9.

sirve a Dios el que se guía en su servir por donde más consolación siente, no mirando con el entendimiento y razón que Dios le dio si hay manera con que más altamente puede servir.

Ni aun puede alguno excusarse diciendo que la unción del Espíritu Santo enseña de todas las cosas; porque así es la verdad si nosotros nos ayudamos, escudriñando y obrando según en la Sagrada Escritura y en la presente *Arte* se nos enseña. Pero faltando nosotros en esto, no tenemos razón de creer que la tal unción nos enseña.

No tenemos también, porque a ninguno parezca grave el suave yugo del Señor, que si para alcanzar tan alta sabiduría gastáremos algunos días en sabernos aprovechar de este arte, no nos debemos espantar; porque si en el arte de la gramática o lógica, que son artes bajas, se gastan tres y cuatro años y aun la vida del hombre si quiere ser en ellas perfecto, mire cada uno cuán mejor empleada será su vida si se gastase en alcanzar en perfección arte tan soberana como esta que el soberano maestro Jesucristo nos vino a enseñar y con tanto trabajo.

Debe considerar el principiante de este arte que le acaecerá como al niño recién nacido, el cual ni con el alma usa de la razón, ni aun con el cuerpo que tiene pies y piernas puede andar; y aun cuando comienza ya de crecer y comienza ya de moverse, lo hace con mucha dificultad y cayendo, hasta que ya con la más edad y continuo ejercicio anda tan bien que corre cuando quiere. Y así acaece en los principios del verdadero servir a Dios, que, aunque el ánima está entera, pero tenérnosla tan atada y tan agravada y tan sin fuerzas para moverse por el camino perfecto, que el santo Evangelio nos muestra y este arte nos declara que del todo no sabemos andar; o si nos movemos, es con tanta graveza que nuestro andar es poco más que nada. Pero prosigamos varonilmente, que cuando no nos catáremos correremos por tan altos caminos que se verifique en nosotros que nuestros movimientos y meneos más son de ángel reinante que de hombre caminante.

Debemos mucho notar que ninguno se debe excusar de servir, según aquí se muestra, cuasi contentándose solamente con la guarda material de su regla o mandamiento de Dios, diciendo que esto le basta para salvarse, porque *la voluntad de Dios es nuestra santificación,* como dijo san Pablo[2]. Y pues que no se contentan los mundanos con las riquezas que tienen, pero desean siempre más, mandándoles Dios lo contrario, no nos contentemos nosotros sin acrecentar cada día la muy alta virtud y el premio que esperamos, pues que Dios es tan deseoso de que lo tengamos. Y si nuestro apetito no se extendiere a ello por lo que a nosotros cumple, extiéndase por saber que es la voluntad de Dios que seamos engrandecidos en todo como hijos de

---

[2] *I Thes.* IV, 3.

quien somos, que es del mismo eterno Padre, que está en los cielos, el cual nos amonesta diciendo: *Sed santos, porque yo Señor, Dios y Padre vuestro soy*[3].

La manera de proceder en lo que se ha de decir será poner aquí algunos *notables*, como reglas comunes que nos enderecen en todo lo que hiciéremos, y después algunas cosas particulares de las más necesarias para el servicio de Dios, dando tal arte y manera para que aquellas se pongan en obra, que con los tales *notables* comunes sirva de arte para todas las otras que quedarán.

Se podrá llamar este tratado *Arte para servir a Dios*, y habrá en él tres partes principales. La primera tendrá los *notables* comunes. La segunda tiene algunas particulares cosas en que el siervo de Dios se debe ejercitar para reparar el estrago que los pecados han hecho en su alma. Y en la tercera se hablará del amor con que habemos de amar a Dios y a quien él manda, en el cual amor está el cumplimiento de toda ley, todo nuestro bien. Y acuérdese quien esto leyere cuánta diligencia pone el que en cualquier arte quiere ser buen artista, y cuán más justa y necesaria es aquí la diligencia. Y con estas consideraciones, y más principalmente con ayuda de nuestro soberano maestro Jesucristo, Dios eterno y Señor nuestro, se comienza, según se sigue, la presente *Arte*.

---

[3] *Lv.* XI, 44: XIX, 2.

PRIMERA PARTE

Que contiene unos *notables* comunes para todas las obras, según pertenece obrarlas el que de verdad quiere servir a Dios, y se pondrá en principio de cada *notable* un sumario muy provechoso.

NOTABLE I

En que después de algunos avisos y consideraciones generales, pone un sumario de la evangélica perfección, y pone también dónde viene parecer este libro en algunas partes dificultoso de ser entendido; pero que se puede decir tan claro, que ayuda mucho a entender los otros libros que comúnmente se leen.

Y EN ESTE PRIMER NOTABLE pareció que sería bien poner algunos avisos para el que de esta obra se quisiere aprovechar, pues que él mismo ha de ser maestro y discípulo con ayuda del soberano Maestro. Y lo primero que al presente notaremos es que, según que de la Santa Escritura se colige, todos somos nacidos en este perecedero mundo, no para reposar ni gozar en los bienes de esta tierra, porque son pequeños y viles, pero para que, tomando de ellos lo que Dios manda para nuestro mantenimiento, ocupemos toda la vida en entender en las muy altas riquezas de aquel gran Dios que nos crio para hacernos bienaventurados y poseedores de sí mismo, que es bien infinito, en quien tenemos todos los bienes muy más en abundancia que bastamos pensarlo.

Y con esto notaremos también que aunque Dios nuestro Señor no nos quiso necesitar, so pena de muerte eterna, a que siempre entendiésemos en su servicio, pero solamente cuando se ofreciere mandarnos algo, esto es, en sus diez mandamientos; pero por ley de bondad que nos pertenece guardar como a hijos de tan gran Padre, tenemos no solo las personas religiosas, pero todos, obligación de procurar muy alta santidad, y siempre servir a tan gran Señor y Padre, porque de todos dijo Su Majestad: *Hagamos al hombre a nuestra semejanza*[1]; y según declaran los doctores santos, entonces es el hombre hecho a imagen y semejanza de Dios, todo junto, cuando se ocupa y entiende en conocer sus grandezas y amarlas, gozándose de ellas muy altamente.

Y en el Evangelio dijo Cristo: *Sed perfectos como vuestro Padre que está en los cielos*[2]. Cierto es muy justo que sea santo quien es hijo de Padre a quien sin nunca cesar llaman santo los serafines, porque nunca, olvidando nosotros de quién somos hijos, no nos contentamos hasta ser santos según nuestra flaqueza, esto es, hasta que apartemos nuestro corazón del amor de toda cosa terrenal y le pongamos en nuestro Padre, que es de bondad infinita, alumbrador y santificador, muy

---

[1] *Gen.* I, 26.
[2] *Mt. V,* 48.

ganoso de quien a su Majestad se allega como a Padre tan alto y de tan infinitas grandezas y excelencias; y ayuda aún para más movernos a esto lo que arriba se dijo.

Vista ya la obligación que a la santidad tienen todos, aunque más en especial los religiosos, como más escogidos para ella, notaremos también que, así como en este mundo la mayor parte que uno puede tener con algún rey consiste en ser de un mismo querer y voluntad con él, así la verdadera santidad se encierra y consiste en un solo punto, que es ser un espíritu y de un querer con Dios, aunque para venir a tan alto punto como el sobredicho, se requiere pasar por el camino de todas las virtudes que en el santo Evangelio y Escritura santa se escriben, y el Hijo de Dios poderoso nos enseñó con tanto trabajo cuanto sabemos.

Todo lo sobredicho considerado, notaremos, porque con el grande apetito que los hombres tienen de saber tienen también apetito de recoger sumariamente todo lo que en alguna obra se contiene y de qué cosas ha de tratar, que lo que en el presente *Arte* se contiene se puede brevemente coger de la siguiente y sumaria consideración, la cual cumple leerse con reposo.

Sumario

Como seamos criados hombres puros y pobres con poder de tornarnos hombres divinales y de muy altas riquezas, lo que siempre debemos procurar para esto, presupuesto el cierto socorro de Dios, es hacer una mudanza en nuestro ánimo, tal que sintamos que ya nuestra voluntad no sirve de querer nuestras cosas en cuanto nuestras, sino de querer a Dios y cuanto bien tiene Su Majestad, y de querer a nosotros mismos como a cosa suya y como a cosa de que él se quiere siempre servir por su merced y bondad infinita, en manera que tengamos siempre sus grandezas y excelencias y gloria infinita como cosas nuestras y más que nuestras, y lo amemos y nos gocemos con ello mucho más que con todo cuanto bien tenemos y esperamos y nos puede venir, teniendo por perfecta bienaventuranza que Su Majestad tenga tan infinitos bienes como tiene, casi no curando de nosotros, pero procurando con todas nuestras fuerzas de ir al cielo a verlo y gozarlo más cumplidamente, no por gozarnos más, sino porque Su Majestad, con gloria infinita, infinitamente quiere de bueno vernos engrandecidos de la muy alta posesión y riquezas que él posee, y que poseen asimismo los que escogen por último descanso y bien que Su Majestad tenga tanta gloria como tiene; y esto es ser un espíritu con Dios.

Pero notaremos aún más, para cumplimiento de nuestro sumario, que, visto ya en suma en qué consiste mudarnos de hombres puros en divinales, será asimismo bueno ver en suma lo que, para alcanzar tan alto bien, se trata en esta obra; lo cual consiste en dos cosas, en las cuales debe hacer gran hincapié nuestro corazón si quiere subir a la sobredicha alteza.

La una cosa es en mostrar cuán estragada está nuestra alma para alcanzar tan soberana y tan alta mudanza. Y lo otro, en mostrar y declarar y dar arte para considerar y movernos a remediar este estrago tan grande, y para conocer y usar de las fuerzas o instrumentos de gran poder que tenemos en el alma para remediar esto, y en especial para conocer el gran señorío mal conocido y peor usado que nuestra voluntad tiene para hacer la sobredicha mudanza tan grande, y para descomponernos de todas las malas costumbres que tuviéremos y adornarnos de toda virtud; porque, así adornados, estemos habilitados para la sobredicha santidad, que consiste principalmente en el sobredicho punto, que es ser de un espíritu y un querer con Dios, para lo cual se requiere muy necesariamente hacer y considerar con gran diligencia todo lo sobredicho, según que de ello se proveerá en las reglas de los seis *notables* siguientes con todo lo demás que abajo se contiene.

Exclamación

¡Oh doloroso estrago de vuestras almas, que tan bestializadas están por el pecado, que siendo convidados, y oyendo y leyendo tan alta cosa como lo que en el sobredicho sumario se contiene, no empero engendra en algunos más apetito que a las bestias suele traer la vista de joyas muy ricas o viandas de gran preciosidad; pero si oyen o ven o leen otras cosas terrenas y bajas, así es de ellas traído nuestro corazón como la bestia de la paja y cebada, que es su manjar común! Miremos, pues, por reverencia de Dios, que por traer los hombres a tanta altaza se hizo Dios hombre, y para esto quiso morir, pudiéndonos dar la vida de otras mil maneras; para esto mandó que nos sirviesen sus ángeles, y para esto nos dio el cielo y la tierra y cuanto en ellos está, y todo lo torna en nada, en cuanto en sí es, quien de tan alta vida se aparta.

Por no venir algunos al conocimiento perfecto de la manera de alcanzar y sentir y meditar la sobredicha alteza de vida, han dejado de engrandecer sus almas según la voluntad de Dios; porque aun muchos devotos, por falta de bien entender y alcanzar cuando son movidos en sus obras por solo Dios, muchas veces toman estaño por oro y lo mediano por muy alto; de donde les viene, por la soberbia de su contentamiento y por la poca diligencia que sobre ello han puesto, quedarse pobres para toda su vida, contentos con un flaco dulzor y mortificamiento del mundo. Lo cual todo, cuánto engaño sea, siéntalo quien sabe que el Hijo de Dios, nuestro Redentor, vivió en este mundo vida llena de sinsabores, y murió muerte llena de mil dolores, por convidarnos con todo ello a irnos por este camino muy alto de su divino querer, deshechos de infinitos propios quereres, que cada rato se nos representan, los cuales cumple despedir en cuanto propios, porque solamente nazcan nuestras obras del muy alto querer divino, como ya está dicho y en el segundo *notable* veremos; y, por consiguiente, seamos una misma cosa con ese muy alto Dios, y gocemos de todas sus grandezas y gloria más que de las propias nuestras.

Podría ser que alguno dijese (como lo han ya dicho otros) que, pues este libro encamina a tan alta cosa, que se debiera escribir con más claras palabras, como se escriben los otros libros devotos. Y puede responder, allende lo ya dicho, que, según verdad, este libro, aunque les parece oscuro, pero contiene tanta claridad, que hace muy ligeros de entender todos los otros libros que comúnmente leemos.

Pero para que conozcan todos esto que digo, notaremos que los libros morales o devotos tres cosas en especial contienen. Lo primero, las cosas que debemos hacer. Lo segundo, muchas diversidades de dichos y razones y ejemplos que nos provoquen y conviden a hacer lo bueno, así como decir y mostrar con mucha diversidad de muestras la grandeza y bondad de Dios, y la nobleza de la virtud y el premio de ella, y la maldad y pena del pecado. Lo tercero (y esto contienen pocos libros) es dar alguna forma o manera cómo hagamos el bien que nos mandan y enseñan y para que nos convidan tan largamente; y como de san Ambrosio se dijo en principio del prólogo: «Poco sabe el que esto tercero no sabe».

Notaremos, pues, ahora que, aunque todas estas tres cosas sean muy necesarias, pero la tercera se puede en alguna manera decir ser más necesaria, porque los libros que más comúnmente leen los que no son teólogos hablan muy poco de ello; y por consiguiente podemos decir que todos aquellos libros quedan oscuros, pues que no declaran cómo habemos de obrar, aunque digan todo lo demás.

Cuál sea la causa por qué lo dejaron de escribir no nos pertenece aquí escudriñarlo, mas creamos que tuvieron muchas justas causas que a la sazón lo demandaron; y al presente alabemos al muy Alto, que en tan pequeña obra nos quiso proveer de cosa tan necesaria. Pero tornando a nuestro propósito, para declarar que este libro es más claro y declarador de los otros, notaremos que, pues casi todo él se ocupa principalmente en dar arte y manera para mover el entendimiento y voluntad a saber cómo habemos de poner en obra las grandes cosas de que todos los libros están muy llenos, se sigue muy bien que este es declarador de todos ellos, como de hecho ya lo han experimentado muchos que a él se han dado, y lo experimentarán también los que a él se dieren. Y si él no pareciere tan claro, sepamos que cosa tan espiritual y tan poco usada no se puede escribir con palabras que de ligero se entiendan, y miremos que grandes cosas no se alcanzan sin grandes trabajos.

Aun pareció junto con esto responder a la turbación que algunos sintieron de leer las acotaciones de párrafos, notables y capítulos que por esta obra están derramadas, y decirles que su turbación nace de haber leído poco en grandes libros; porque si en ellos leyesen, verían muchas veces en ellos escrito que tal y tal cosa de que allí se habla se ha de entender como arriba está dicho o abajo se dirá, y darían muchas gracias a Dios si alguno les dijese en qué hoja del libro está aquella de que allí se hace mención, porque así pudieran mejor entender lo que tienen presente; y las mismas gracias deben cierto dar en aquello de que aquí dicen recibir turbación, pues que no siendo justo de decir todas las cosas en cada lugar, aunque sean allí menester, les ponen delante los ojos con una breve acotación lo que tanto les cumple, diciendo que en tal notable o capítulo y párrafo lo hallarán. Y estas cosas presupuestas, será bien que ya entremos en los *notables* declaradores de lo que tanto nos cumple saber.

Y por aviso postrero de este primer *notable,* sin duda debemos tener que dispondrá más perfectamente su alma en tres meses para venir al perfecto amor de Dios el que se guiase según las reglas de esta *Arte,* sacadas del santo Evangelio, que podría en mucho tiempo el que de esto no se quisiese ayudar; pues que para esto nos dio Dios nuestro Señor diversas y muchas fuerzas, instrumentos y potencias, para que con todo trabajásemos, y con todo nos ayudásemos y favoreciésemos, para alcanzar tan alta cosa como la perfecta disposición del alma que se requiere para perfecto amor.

NOTABLE II

EL SEGUNDO NOTABLE, y muy de notar y muy en gran manera necesario, habla del fin que nos ha de mover a obrar estas cosas para nuestro reparo y remedio, y a todo cuanto hiciéremos, en fin del cual se pone una notable declaración para entender en alta manera cuanto nos está mandado en la Sagrada Escritura con promesa de galardón o con amenaza de pena. Es, pues, lo que en este segundo notable se ha de decir: lo primero que siempre debemos tener delante los ojos el fin que a obrar nos debe mover, lo cual es muy necesario de saberse y mirarse cada momento, porque no tiene más bondad la obra de cuanto es la bondad del fin porque es hecha, y si malo fuese el fin, sería mala la obra, aunque ella de suyo fuese buena; y pues que Dios es bien infinito, aquella será mejor obra que más puramente se hiciere por su amor.

Y para declarar esto es de notar que el siervo de Dios que a su señor desea placer debe plantar en su alma una fuerte voluntad o hábito de querer, engendrado de muchas veces quererlo la voluntad o hábito; y así plantado, le mueva y le haga sentir que todo lo que no obrare con el cuerpo y con el alma, todo lo que pensare y hablare, y aun las virtudes que procurare, y este remedio para su alma, y toda devoción, todo sea porque Dios lo quiere y nos lo demanda siempre, y es dignísimo de ello por su bondad infinita, y es Él servido de ello, quiero decir, hablando con palabras usuales, por hacerle placer. Su Majestad nos dijo que por esto nos hablaba, porque su pozo *sea en nosotros*[1]. Y entonces el gozo de Dios está en nosotros, como san Agustín declara, cuando le servimos como Él quiere, y ninguna otra manera hay que tanto le contente como esta que ahora acabamos de decir.

Y es que el siervo de Dios quiera tanto lo que Dios quiere, y quiera tanto emplear todo lo que es y puede, y todas las fuerzas interiores y exteriores en servicio de su Dios, que en cada obra que hiciere no sienta otro fin que le mueva sino querer placer a Dios, quiero decir, que olvide en alguna manera el bien y la gloria que de la virtud se le puede seguir, y de solo Dios que lo quiere se acuerde; y solamente entienda obrar, porque Él lo quiere y manda, y con gran razón lo requiere su bondad. Todo lo sobredicho se conocerá en alguna manera por esta comparación.

---

[1] *Io.* XV, 11.

Comparación: Está uno doliente; desea para su salud tal vianda o medicina; no solo desea, pero procúralo. Se ofreció a la sazón a un gran amigo de este una muy mayor enfermedad con muy mayor necesidad de aquella misma vianda o medicina; viene aquel primer doliente casi olvidado de su alguna dolencia y del deseo de aquella medicina para sí mismo, y comienza de nuevo a desearla, no para sí mismo, pero para aquel amigo, en manera que el amor de su amigo hace a este desear y buscar lo que él ha menester; y no por satisfacer a su menester, pero por satisfacer a la necesidad de su amigo; y cuando lo anda buscando, trae en su ánima un deseo que bulle de haber aquello para su amigo, casi olvidado que lo ha menester; y después que lo halla, se goza, porque así se cumplirá con la voluntad y menester de su amigo.

Tal, pues, ha de ser lo que al siervo de Dios ha de mover a todo deseo y obra, y en la misma manera, quiere decir, que sienta en su alma una gana con que desee y obre lo bueno; y sea la gana porque Dios quiere que nosotros lo obremos y es de ello servido como si le fuese muy necesario, casi olvidándonos que, mediante las virtudes que procuramos o deseamos u obramos, habremos de alcanzar salud o gloria; porque muy más necesario fin es obrar porque Dios quiere que obremos y por su bondad, que nos necesita a amarle y servirle, que haber bien y gloria para nosotros; porque aun

haber bien y gloria, más principalmente debemos
desearlo porque Dios quiere que lo deseemos y
hayamos, y porque habiéndolo, lo amemos y sirvamos altamente, que no por nuestro provecho
y gozo y gloria; y es tanta la bondad y grandeza
de Dios, que cuanto más de esta manera y arte
deseáremos y obráremos, tanto más mereceremos
y tanto mayor será nuestra gloria.

Esto que dicho parecerá dificultoso a los no
habituados; pero tales parecen todos los principios
a los principiantes, y aun paréceles que no podrían
salir con lo que comienzan; y tanto se ejercitan en
ello, que con el mucho ejercicio quedan ya maestros
de lo que primero no se atrevían a ser discípulos. Y
notad que quien tuviere la voluntad inflamada en
devoción, haría todo esto con tanta ligereza, que,
brevemente declarada la manera, obrase en breve
espacio muy altas cosas; pero para quien tanta infla-
mación no tiene, será bien notar lo que se sigue, en
que especialmente se toca el arte o manera que para
esto debemos guardar.

Pongamos de una parte a Dios como a señor y
amigo muy grande, y ponga cada uno a sí mismo
de otra parte. Cuando la voluntad se moviere a querer tal virtud o buena obra, mire cada uno qué fin
le mueve, y comúnmente verá en sí que miedo de
pena o amor de gloria o de la virtud. No nos debemos contentar de este motivo, aunque no es malo;
pero pues es señora la voluntad de querer uno y

dejar otro, como se declara en el sexto *notable,* y pues también sabemos que es mejor y nos debe más mover el querer de Dios que el propio nuestro, hágase fuerza y deje de querer como solía, y lleve la voluntad a querer cómo mejor debe, y quiera aquello que hace o desea, porque Dios lo quiere y se le debe todo servicio.

¡Oh!, por cuán vil se debería reputar el que obra, quiere o desea algo movido de su natural deseo, aunque sea bueno y virtuoso, pues tiene siempre presente el deseo de Dios; el cual deseo divinal debería siempre mover nuestras entrañas a querer, y tenemos poder para dejar de querer en cuanto movidos de nuestro natural y buen deseo, y de querer enteramente, movidos de aquel soberano querer.

Y verdaderamente es ya tanta la diferencia de un motivo al otro, que ninguna cosa de este mundo se podría dar que tanto se diferenciase de otra cuanto estos dos motivos se diferencian; porque sin comparación lleva más ventaja el uno al otro que el sol con todo su resplandor al de una pequeña candela, y más que todos los ríos y fuentes juntadas con el mar a una pequeña gota de agua, y más que cien mil quintales de oro a un vaso de plomo, y más que todos los cielos a una avellana, y más que la excelencia natural de los hombres a la de la menor de las piedras. Porque puesto caso que la mayor diferencia entre todo lo susocotejado sea la que hay entre los hombres y la piedra, todavía, empero, es mucho mayor la de aquellos dos motivos, porque más se acerca a distancia infinita la diferencia que hay entre un motivo y otro que la que hay entre la excelencia natural de los hombres a la de las piedras, por viles que sean; porque la cosa que en más alto grado diferencia al hombre de la piedra es el poder que tiene para obrar con aquel excelente motivo; y por tener los ángeles tan excelente naturaleza, que con más ligereza que nosotros pudieron obrar, con este motivo dijo el salmista del hombre: *Minuisti eum paulo minus ab angelis*[2].

Muchas pruebas se podrían traer para lo sobredicho, pero la más breve y que me parece que debe bastar es que quien de ello dudase procure con gran diligencia de ponerlo en obra; porque cierto lo verá luego tan claro, que no quiera esperar prueba de palabras; y quien no lo quisiere poner por obra, lea en los doctores santos que lo dicen, y por ventura lo sentirá, porque la brevedad de la presente obra no sufre más larga prueba.

Esforcémonos, pues, siempre a siempre querer obrar movidos de tan bienaventurado motivo, pues tanto nos obliga a ello aquella grandeza soberana, divina, deseosa por su sola bondad de nuestro engrandecimiento. El cual deseo suyo debe ser siempre motivo que mueva y haga salir de nuestro cuerpo y alma todas las obras corporales y

---

[2] *Ps.* VIII, 6: *Hebr.* n. 7.

espirituales, chicas y grandes, que nos pertenece obrar, según la compostura natural en que Su Majestad nos compuso; porque todas ellas, desde la menor hasta la mayor, sirven para conservación de nuestra vida natural; y así como no las podríamos dejar, así tomándolas por amor de Dios sirven también para acrecentamiento en la vida espiritual, y de esta manera la más baja cosa que hiciéremos será de más alteza en los ojos de Dios que la más alta que hiciere el que tan excelente motivo no tuviere.

¡Oh, cosa maravillosa y de perpetua memoria que sea de mayor grandeza delante de Dios comer con este motivo que ayunar y derramar la sangre con ásperas disciplinas movido del deseo de poseer y gozar de los deleites del cielo!; y esto no porque desear estos deleites del cielo no sea bueno, pero porque es tanto mejor el otro motivo que este cuanto es mayor el mundo todo que una avellana y mucho más.

Cumple mucho para esto acostumbrarnos a obrar con este bienaventurado motivo, estar muy sobre aviso que nunca pasemos de una obra a otra, ni comencemos cosa alguna hasta que sintamos movernos a ella por pensar o saber que Dios quiere que la hagamos; y llamo obra cualquier movimiento del cuerpo o del alma. Para lo cual notaremos que Dios, con jubilación infinita, quiere ser poseído y amado de todos los hombres, y con ese mismo querer quiere que cada movimiento de amor, que en cada instante de nuestra

vida obramos, que le amemos y obremos tantas cuantas veces le amáremos o alguna otra cosa hiciéremos,
traído actualmente de aquel su querer infinito.

Quiere decir, dando regla universal, que cada y
cuando queremos hacer algo, nunca comencemos
hasta poner los ojos en Dios; en la cual vista no
nos contentemos hasta que sintamos aquel querer
con gozo infinito que Dios tiene de nuestro bien
obrar. Lo cual visto y sentido y conocido que Dios
es dignísimo de ser obedecido y servido como tal y
de esta manera, entonces, como trabados de aquella su muy alta voluntad y querer, pongamos en
obra lo que viéremos que debemos hacer, casi olvidados de todo nuestro bien.

Justo es, por cierto, que aquella soberana
voluntad del Criador de todas las voluntades
tenga tan gran preeminencia y señorío en todas
las voluntades, que no solamente le obedezcan
en cuanto mandare, pero que aun todo lo que
hiciéremos sea casi olvidado de cumplir nuestro
propio querer y de alcanzar nuestra gloria, sino
porque en uno y en otro esa muy alta voluntad de
Dios se cumpla en todo sin otro respeto alguno. Y
porque el pensamiento de tener grandes riquezas
hace que se halle hombre burlado cuando siente
la falta de ellas, será bien considerar, porque ninguno piense de sí más de lo que tiene.

Por no haber alcanzado ni aun sentido el
sobredicho motivo, muchos han pensado que

hacían grandes obras, y hallaron después ser bien pequeñas; porque muy bien se compadece que alguna persona bien inclinada y apetitosa de grandes y verdaderos bienes, y que está en estado de gracia, conociendo la grandeza que está en amar a Dios, tenga deseo encendido de tener este amor en perfección, y que este su deseo no sea obra perfecta; porque puesto caso que el deseo sea de cosa perfecta, no empero aquella obra que es desear será perfecta si le falta el motivo perfecto, que es que nazca nuestro deseo de una gran voluntad que nos haga querer y desear el tal amor, porque Dios quiere que le tengamos para nuestro engrandecimiento, que él mucho ama.

Esto mismo que se ha dicho de aquel buen deseo se podría y debe traer para muchos que tienen gran celo de la salud de las ánimas y del bien de la república y comunidades adonde viven, y que tienen las bienaventuranzas que nuestro Redentor dice de hambre y sed de justicia y que lloran por los males que ven y sienten haber en el mundo; lo cual todo, aunque es bueno, pero puede ser de bajo metal y muy falto de perfección, como ya se platicó del sobredicho deseo del amor de Dios, y por eso debemos estar muy sobreaviso para mover actualmente la voluntad de todas las cosas ya dichas a obrar con el perfecto motivo que acabamos de platicar; y lo que se ha dicho de aquellas obras se debe entender y ejercitar en todos los movimientos, que son innumerables, que al alma se ofrecen, de cualquier calidad que sean, y aun también en cualquier tentación que resistamos; pues debemos tanto procurar que la voluntad de Dios reine en la nuestra, que ya ninguna cosa nazca de la nuestra sola, pero más enteramente de la de Dios, reinante en ella, como muchas veces se platicó.

Grande dificultad sentirán los principiantes hasta alcanzar tan alto motivo y tan alta manera de obrar, como está platicado, y muchos días podrá ser que estarán que no alcancen muy a su placer; pero no deben aflojar; antes deben considerar que más tiempo trabajan muchos en el mundo por ligeras cosas y no las alcanzan, y nosotros habremos cierto esta merced si la procuramos desde lo muy hondo de la humildad, perseverando y ayudándonos de lo que en los siguientes *notables* se dice; y repréndase con muy áspera represión quien pensare ser de alguna estima, o con dignidad guardar las cosas en ellos contenidas, considerando la grandeza de la merced que se le promete, que es alcanzar con ello el sobredicho motivo.

Bien me parece que será avisar que algunas veces se ofrece a los principios alguna tibieza en el que de esta manera tan alta endereza sus obras por solo Dios; y se podrá maravillar viendo que tomando manera más alta siente menos devoción, como se podría maravillar quien, llegándose al fuego, se resfriare más. Y porque es justo de proveer a esto, notemos que quien considere la causa de ello verá ser necesario que nos venga esta tibieza, y que no por eso son de menos merecimiento nuestras obras.

Notaremos, pues, para declaración de ello, que la causa de esa tibieza es porque dejando de obrar y amar por nuestro propio bien, como solíamos y es natural, y obrando por solo amor de Dios, casi despedimos de nosotros la raíz, donde común y naturalmente nos nace todo gozo, esto es, nuestro propio bien y descanso, y tomamos el bien ajeno, que es la gloria de Dios, por descanso y fin de nuestros trabajos. Lo cual es cosa sobrenatural y muy desacostumbrada, y por consiguiente nos es tan penoso hacer esta mudanza, que del gozo que está dicho nos viene la tal tibieza y frialdad, hasta que estemos muy acostumbrados a sentir y apreciar, amar y estimar mucho en más la voluntad y gloria de Dios que la nuestra, y a tenerla mucho más por nuestra que la propia nuestra, como cosa que mucho más amamos; lo cual, cuando bien tuviéremos, seremos llevados a la lumbre que no recibe tibieza o frialdad, allende que nuestro merecimiento será muy mayor. Cumple y será muy bien, para que muy más claramente veamos lo sobredicho, acudir a ver lo que se contiene abajo, en el quinto párrafo del capítulo cuarto de la segunda parte.

Visto ya, pues, el fin por que habemos de obrar, podría alguno dudar y decir que, como la Sagrada Escritura evangélica sea doctrina tan perfecta, cómo no propone de contino este fin, cuando algo amonesta o manda o veda, pero comúnmente nos amenaza con la pena y nos convida con la gloria. Y notaremos, para la respuesta de esto, que, así como el Hijo de Dios, Señor y Redentor nuestro, de quien manó nuestra doctrina evangélica, siendo en sí mismo perfectísimo, muchas veces tomó en su persona cosas de flaqueza, por condescender a la nuestra poquedad, así como huir y esconderse y haber miedo y cosas semejantes, según lo muestra el santo Evangelio, así de aquella manera quiso que su doctrina fuese escrita con tales palabras cuales requería la poquedad y la flaqueza de los obradores, los cuales por la mayor parte se moverían a bien obrar por esperanza de gloria o miedo de la pena, presupuesta la corrupción y bajeza humana después del pecado.

Pero aun habemos de notar que, así como nuestro Redentor y Salvador Jesucristo tomó aquellas flaquezas con muy alta perfección y caridad, así el que fuere varón perfecto oirá la doctrina evangélica y obrará como ella dice, movido por las amenazas o promesas allí contenidas, sin agravio de la perfecta manera de obrar, de la cual se ha ya dicho en este *notable;* y si alguno dudase o dijere que cómo se compadece esto, declárase mostrando cómo se compadezca en un lugar de la Sagrada Escritura, en que nuestro Redentor amenaza con la pena infernal: por la forma que esto entendiéremos quedará más manifiesto todo lo otro que leyéremos. Dice en el santo Evangelio: *Si no hiciereis penitencia, pereceréis*[3]. En estas palabras se contiene un mandamiento y consejo santo con amenaza, y en esta amenaza se pueden considerar dos cosas. La una es la pena con que se amenaza, y la otra es la voluntad con que Dios amenaza, que es voluntad de que le sirvamos y que no perezcamos.

El verdadero siervo de Dios debe obedecer a aquel mandamiento, no por huir de la pena, pero porque el Señor Dios, que amenaza, quiere y es servido que hagamos penitencia, y que no caigamos en aquella pena; y acordándose que Dios desea que le sirvamos y que no vengamos a tanto mal, casi olvidado del daño de su pena hace penitencia.

Esta tal [penitencia] obra con tan alta pasión que, movido [el hombre] por la amenaza de la Santa Escritura, queda sin embargo la Escritura en su muy alta perfección, aunque contiene lo que parece flaqueza por cumplir con los flacos, para moverlos al bien, según su flaqueza demanda. Y que de esta manera se hayan de entender y recibir todas las promesas y amenazas del santo Evangelio, se muestra bien de aquel primero y mayor mandamiento a todos puesto, que *dice que amemos a Dios con todo nuestro corazón y fuerzas*[4]; lo cual no cumple bien

---

[3] *Lc.* XIII, 5.
[4] *Mt.* XXII, 37.

quien no emplea en Dios toda la fuerza que tiene para servirle y para querer la gloria y aborrecer la pena, queriendo lo uno y aborreciendo lo otro, en la manera que acabamos de decir; pues que sirviéndole y alcanzando la gloria y escapando la pena venimos a cumplir aquel muy alto mandamiento del amor, el cual siempre quebrantaríamos viniendo a la pena perpetua.

Habemos, pues, visto la causa por qué el santo Evangelio usa de aquella manera de mandar y amenazar hablando con todos, así flacos como esforzados; pero, porque este nuestro tratado se enderezó por la mayor parte, no a los muy flacos en el servicio de Dios, cuáles son los que aún el cumplimiento de los mandamientos se les hace muy cargoso, sino a los que el yugo del Señor se les hace ligero y tienen aliento y deseo para seguir y llevar la más alta manera de perfección, por eso va casi todo puesto sin amenazas y promesas; pero llegando en cada paso al más alto fin, que es Dios, en quien, como es dicho, debe estar tan hincado nuestro corazón, que ninguna cosa queramos ni temamos sino lo que nos allega o aparta de lo que Él quiere que temamos y queramos, y esto porque Él lo quiere; y esto todo se declara más por lo que se escribe abajo, en la tercera parte, capítulo primero.

NOTABLE III

De dos maneras que hay de servir a Dios, y de cuánta
obligación tienen todos, y mucho más los religiosos, de
servir en la segunda, que es más alta; y de una declaración de ella; y que a esta segunda en especial se provee
aquí de arte.

Lo TERCERO QUE DEBE NOTAR el que quiere servir a
este tan gran Señor, es procurar de saber de cuántas
maneras se puede servir, porque así pueda escoger la
que más supiere agradarle. Y pues el mismo Señor
y maestro de la sabiduría eterna declaró a un man-
cebo, que esto deseaba saber, que dos son las maneras, no hay más que altercar.

La primera es guardar los mandamientos. La
segunda es que quien quisiere ser siervo perfecto,
que, dejando cuanto hay en el mundo, siga lo que
Su Majestad hizo en la tierra, cuya vida sagrada en
muchas cosas fue ejercitada y con harto trabajo, no
porque su muy santa y real persona las hubiese menester, sino porque a nosotros iba la vida en cada una de
ellas, se quiso hacer siervo para enseñarnos a servir, y
sirvió en muchas cosas para darnos a entender cuán

ejercitada y limada debe estar en toda virtud el alma
del que bien quiere servir y amar a tan gran señor.

Y es de notar que, aunque Dios nuestro Señor
quiso dejar a la cortesía o libertad de los hombres
no necesitados a que le sirviesen en la segunda
manera aquí puesta, pero cierto son todos obligados a ello so pena de torpes y mal mirados; porque a todos está puesto el gran mandamiento de
amar con todas las fuerzas; y sí sería de reprender
y culpar el que viniese a algún lugar con intención
de poner ahí en obra alguna cosa muy provechosa
y necesaria y dejase de hacer y efectuar la tal cosa, y
se ocupase en otra de muy poco valor, mucho más se
debe culpar el que, nacido y criado en este mundo,
como todos nacemos, para siempre servir con todas
las fuerzas al muy alto Dios, tan dignísimo de ello y
en lo que hay tanto provecho, deja de hacer porque
no se lo mandan, so pena de muerte, ocupándose
en bajo servicio mezclado con lo vano del mundo,
que tan presto pasa y tanto mal hace. Y si todos son
de culpar no sirviendo en la segunda manera según
el estado y condición de cada uno, mucho más los
religiosos, que lo comenzaron dejando el mundo y
se hicieron continuos en la casa y mesa de Dios, lo
deben continuar, haciendo lo que es más perfecto;
esto es, seguir las pisadas del Hijo de Dios; los cuales, como san Bernardo dice, no contentándose con
solos los mandamientos, deben siempre pesquisar y
sacar de lo que conocen de las palabras y condición

divina qué es lo que Dios quiere y huelga más que hagamos; y para esto nos es dado el entendimiento y el apetito de pesquisar y escudriñar grandes cosas.

Y, pues, hablamos en este *notable* de estas dos maneras de servir para escoger la que más contenta al muy alto Rey, notemos, declarando en sentencia con breves y usuales palabras, aquello que nuestro Redentor dice en la dicha segunda manera, esto es: *Ven y sígueme*[1], que quiere decir a cada uno y a todos que cumplamos cuanto está escrito para nuestra doctrina, haciéndolo no solamente con amor, sino con amor y por amor juntamente, porque estas son las pisadas que Él nos amonesta seguir. Por tanto, no hasta cumplir algo de lo prescrito, pero todo no basta para bien servir; obrar con amor, pero con amor y por amor.

Con amor sirve un paje que quiere bien a su señor, pero por amor, porque no le serviría sino por lo que de él espera de haber. Con amor y por amor serviría si sirviese solo porque aquel señor quiere y huelga de su servicio, porque ama la bondad y compañía de su señor sin otro respecto. Y este es el verdadero obrar que de nuestro muy alto Maestro hemos de aprender; el cual, como vimos, quiso servir por nosotros, y el servir le dio a Él el señorío universal y a nosotros dará reino perpetuo.

Y que aquellas palabras: *Ven y sígueme,* quieren decir que cumplamos con amor y por amor todo lo

---

[1] Mt. XIX, 21; Lc. XVIII, 22.

que está prescrito que hagamos; claro lo verá quien siente, porque seguir a Cristo es obrar lo que Él obró para nuestra doctrina y en la manera que Él obró. Y la manera en que Él obró fue con amor y por amor, porque esta es la más alta manera. Lo cual nosotros podemos hacer, aunque no tan perfectamente como Él; y pues que así es, poquedad sería decir nosotros que nos mandase nuestro Señor que le sigamos en solo las obras y no en la manera; pues que poco aprovechará el obrar si faltase la manera que ya está dicha y declarada, y esto es que obremos con amor y por amor, y no se debe pensar de tan alto Maestro y tan magnífico Señor darnos doctrina de pequeño provecho.

Es aún de notar que, por ser la primera de estas maneras muy llana, y aun porque se platica cada día en los púlpitos y fuera de ellos la manera para así servir a Dios, principalmente se proveerá de arte para la segunda manera, que es más perfecta y más sutil y menos usada y platicada, aunque podría aprovechar para todos abundantemente.

Otra vez se amonesta a quien tan alta y tan gananciosa arte quisiese aprender, que considere que si en las otras artes bajas de este mundo son necesarios maestros que las enseñen, que mucho más deben ser menester para esta; y que a falta de enseñadores debe suplir el cuidadoso aprendedor con demasiada diligencia lo que falta, y, sobre todo, enseñará en todo la unción del Espíritu Santo.

NOTABLE IV

De una consideración del estrago causado en el alma por el pecado, del cual pecado no es tan dificultoso, aunque posible, el alto servir a Dios para que nacimos; y pone en general en qué está el reparo de este estrago.

Lo CUARTO DE NOTAR es que, queriendo servir a tan gran Señor, miremos con buena consideración la disposición en que estamos, para que proveamos a cualquier falta que nosotros halláremos. Y notaremos que el mal de donde nos viene todo estorbo para altamente servir a Dios es el pecado, que tiene debilitada y estragada el alma; y que si pecados no hubiera, con mucha ligereza hiciéramos cualquier bien; pero, venido el pecado, se desconcertaron en tanta manera nuestros deseos, apetitos y quereres con la cruel enfermedad espiritual de este pecado causada, que ya, como quien tiene hastío, apenas amamos ni deseamos sino cosas groseras y dañosas y viciosas, olvidando el bien infinito para que nacimos, como cosa en que no teníamos sabor; y de aquí viene el desconcierto del alma que en nosotros vemos, estando apartada de aquello para que nacimos; y tanto, que siempre nos inclinamos a lo malo y a dejar lo bueno.

Pero es también de notar y considerar que no por este desconcierto, causado de tan mala enfermedad, se nos quita la obligación de hacer lo que debemos y a qué somos al mundo venidos; que, puesto caso que, por la enfermedad que ya dije que tenemos, el obrar nos sea más dificultoso, no, empero, en tal manera dificultoso que nos haga impotentes, presupuesta la favorable misericordia del muy Alto, con cuya ayuda nuestra perdición se puede remediar.

Y es de notar que tanto más se acerca uno a la disposición y concierto excelente que para servir a Dios se requiere y que en su alma hubiera para todo bien si no pecara, cuanto más reparados y concertados tiene los apetitos y quereres, que, como vimos, se desconcertaron por el pecado; y aquellos tendrá reparados que por muy vivo estudio y consideración profunda de lo que se dirá los guiare todos a Dios nuestro Señor, contrariando a todo lo que deseare fuera de la voluntad de ese Señor, y abrazando y siguiendo todos los remedios que para esto se pudieren hallar y se diera; y en el grado que cada uno esto alcanzare, en ese será ensalzado aquí en virtud y santidad y después en la gloria. Y en tanto grado podría alguno esmerarse en esto, que casi alcanzase aquella llaneza que hubiera en el estado de la inocencia para obrar con gran sabor, como se cree de algunos santos haberlo alcanzado.

Y de lo que en nosotros es de hacer para alcanzar esto se ha de tratar aquí cuanto el Señor para ello ayudare; y se debe leer mucho y muchas veces, porque leerlo una o dos veces no aprovecharía más de cuanto aprovecharía a uno que nunca supo lógica leer una o dos veces, pasando de presto, un libro de lógica.

NOTABLE V

De los instrumentos que nos son dados en el cuerpo y en el alma para obrar este reparo; pero que principalmente toda la santidad está en obrar de continuo con los del alma.

Es, PUES, DE NOTAR quintamente que, así como tenemos cuerpo y alma, así tenemos en cada uno instrumentos para obrar. El cuerpo tiene pies para andar, y manos para lo que queréis, y lengua para hablar, con todo lo demás. Y el alma tiene voluntad para querer, entendimiento para conocer, con muchos y diversos apetitos.

Y esto es de notar, que cuanto más excelente es el obrador y el instrumento, tanto más excelente es la obra, habiendo igualdad de las otras causas que en la obra concurren. Las obras corporales tanto tienen de excelencia cuanto más afinado instrumento del ánima concurre en el obrarse. Se llama afinado instrumento el que es movido a hacer alguna obra con buen fin, y muy afinado instrumento se dice la voluntad, que se mueve por solo Dios, como se dijo en el segundo *notable*. Muy en poco debéis estimar cualquier obra corporal que así no va hecha. Y esto quiso decir san Pablo cuando dijo a Timoteo *que el ejercicio corporal para poco aprovecha*[1].

Las obras del ánima son de otra manera, esto es, que ellas en sí pueden ser de gran provecho; así como si uno se ejercitase con el entendimiento en considerar de cuánta poquedad son las honras de este mundo, y de cuánta excelencia lo que Dios manda y su gloria, o en conocer cómo se deben gobernar las pasiones del ánima, según se declara en la segunda parte en el capítulo nono; y con la voluntad en querer todo lo que ya conoce ser bueno, y en no querer, sino menospreciar lo vano. Porque estos menosprecios serían muy provechosos, aunque el cuerpo estuviese como baldío; que de aquellos ejercicios se engendrarían excelentes hábitos y se destruirían los malos; lo cual es muy bueno, aunque se hiciese por solo amor de la virtud, como hacían los filósofos; y será mejor en el cristiano que tiene fe, y muy mejor si con la fe enderezamos actualmente la intención a Dios en cada obra, como se declara por todo el segundo *notable;* que de ahí notaréis y de aquí cuánto debéis ejercitaros con el alma. Y lo podéis hacer estando ocupado o desocupado corporalmente, y en todo tiempo y lugar, en tanto que aun podéis estar hablando con otro de algún

---

[1] *I Tim.* IV, 8.

negocio temporal y obrar con el ánima, amando a Dios o acordándoos en alguna cosa suya.

Esto parecerá grave al no habituado, pero la costumbre lo hace ligero, aunque no sin dificultad y trabajo se puede alcanzar esta costumbre; pero por eso se dice que la virtud es acerca de lo dificultoso. Tantas veces os haréis fuerza con la voluntad, que quedéis amaestrado a obrar muchas y grandes cosas con ligereza; y no haciéndolo, no tenéis razón de maravillaros y decir que no podéis ser más devotos; pues, como se dirá en el sexto *notable,* en vuestra mano está querer o no querer, cuantas veces quisieres, todo lo que por bien tuvieres.

Y notar que si en la tierra queréis alcanzar ser grande amigo y siervo de Dios, tanto más los seréis cuanto más de continuo en cada hora y lugar obrarás con los instrumentos del ánima, como dicho es. Y esto hizo a los santos tener tan alta gloria en el cielo, y la falta de esto hace a nosotros tan reprensibles en la tierra.

Y pues tanto consiste nuestra grandeza en el obrar con estos instrumentos del alma, y nuestra poquedad en la negligencia de ello, será bien platicar qué forma o arte tendremos para ello los que hasta aquí hemos estado tan desalmados en el obrar con ellos.

Y comenzando del entendimiento, dejando la voluntad para el siguiente *notable,* será bien presuponer por fundamento una regla teologal y filosofal, que dice que nuestro apetito natural naturalmente desea aquello a que se inclina o que le parece sabroso.

Quiere decir que no ha menester quien le convide o ayude a desearlo, mas antes lo desea necesitado o forzado. Pero la voluntad no de esta manera, mas primero lo consulta con la razón, y averiguado qué le conviene, se mueve a quererlo con libertad; y por eso dijo también el Filósofo que no hay cosa querida sino la conocida. De donde colegiremos que el conocimiento de la cosa que tenemos en el entendimiento sirve como de lumbre para que la voluntad vea por dónde se debe mover a querer.

Esto presupuesto, cumple ahora mucho notar que para bien y perfectamente obrar sería menester que el entendimiento no errase en el conocer, y que, averiguado que no yerra, que luego la voluntad quisiese lo así conocido. Pero si el entendimiento yerra, como las más veces acaece, por la malicia que nos tiene ciegos, o si acierta en la verdad, pero la voluntad, con la libertad que tiene, no quiere seguir lo que conoce ser bueno, viene a caer en todo mal.

Y dejando ahora muchas cosas que en este caso se podrían decir y se deberían saber, lo que en especial cumple para la presente obra es que en una cosa en especial debemos siempre estar muy apercibidos para servirnos del entendimiento, y es que para que cuando quisiéremos querer alguna cosa virtuosa o que nos dispone para la virtud, así como ser menospreciados de los hombres, y huir todos los deleites que los grandes varones aborrecieron, que siempre en estas, y en todas las otras cosas que se nos hicieren penosas de obrar y querer, acudamos con ese entendimiento para considerarlas y aprenderlas por preciosísimas y muy agradables a Dios y a nosotros dadoras de vida perpetua, como se declara en el capítulo segundo de la segunda parte; porque, conocidas por tales, tome aliento y gana la voluntad para moverse a quererlo y abrazarse con ello, poniéndolo en obra; porque aunque esa voluntad obra con libertad, pero muchas veces, espantada de la dificultad o aspereza que se le representa en la obra, lo deja, y así peca o deja hacer lo que debe. Y si procuramos servirle con el entendimiento, según es dicho, recibirá tan grande aliento, que, conociendo la excelencia que hay en lo penoso, lo quiera y obre con tanta ligereza casi como lo que desea naturalmente. Y ese tal sería ligeramente de grande virtud, y tendría reparado gran parte del estrago causado del pecado, y obraría con mucha ligereza lo que en el cielo y en la tierra hace bienaventurados; esto es, que tendría gran vista de las grandezas de Dios; y amándolas se gozaría de ellas, según que está dicho y se dirá más abajo.

NOTABLE VI

El sexto notable es del poder que tenemos para obrar con el más alto instrumento del ánima, que es la voluntad; eso es, que nosotros podemos querer o amar, o dejar de querer o amar cualquier cosa que quisiéramos y cuantas veces quisiéramos; y con la misma voluntad dar a nuestro obrar el fin que quisiéremos. Y este notable es necesario cada instante de nuestra vida, y en gran manera y en especial contra los primeros movimientos.

ESTE SEXTO *NOTABLE* debe ser muy notado y muy entendido y muy sabido, como un fundamento grande de todo lo que se ha de decir y de toda la vida espiritual; y contiene una regla muy memorable fundada en la libertad de nuestro libre albedrío, declaradora de lo que podemos obrar con la voluntad y avivadora del adormecimiento del alma. Y la regla es que naturalmente está en manos de cuantos viven en el mundo querer o dejar de querer cualquier cosa que quisieren o les pareciere que deben querer o no querer, y por el fin que quisieren y cuantas veces quisieren.

Pongo de esto ejemplo en una cosa, y de la manera de esta será en todas las otras. Ser un hombre tenido en poco es una cosa que se puede querer, quiero decir, que quien quiera lo puede querer, por dificultoso que le sea el inclinarse a quererlo; y aun puede quererlo por diversos fines, escogiendo de ellos el que quisiere; porque lo puede querer, o por alcanzar la humildad, y este es buen fin, o por parecer algo al Hijo de Dios, que por nosotros fue menospreciado, y este es mejor fin, o por disponerse por menosprecio para que Dios se sirva de él por caridad y amor perfecto, y este es aún más alto fin. Y dando la vuelta, pongo ejemplo del dejar de querer; y digo que cualquiera puede dejar de querer o no querer ser tenido en algo, o no querer ser amado particularmente, o no querer ser estimado; y por los mismos fines que ya dije, aunque natural y viciosamente sea inclinado a ser tenido y estimado en mucho.

Y también notad que así como es en mano o poder de cada uno querer o dejar de querer, según está declarado, así está en su poder el querer o no querer actualmente cuantas veces por bien tuviere al rato o al día. Y tantas cuantas más veces inclinare la voluntad al querer o no querer, tanto más presto destruirá los hábitos viciosos y engendrará los virtuosos, allende que en cada inclinación de la voluntad hay singular merecimiento, si la tal inclinación es por placer a Dios, como se declara en el segundo *notable.*

Y para mayor claridad de lo sobredicho notaremos que producir acto de querer lo que naturalmente aborrecemos es cuando, considerando que es Dios servido que lo queramos, inclinamos o forzamos la voluntad a quererlo, como el enfermo quiere la purga amarga que le dará salud, aunque naturalmente la aborrece. Y acto de no querer lo que naturalmente deseamos es cuando, considerando que aquello no lo quiere Dios ni a nosotros cumple, inclinamos o forzamos nuestra voluntad a que no lo quiera. Y será verdadero no querer, aunque quede alguna rebeldía de la sensualidad, en la manera que acaece al doliente que no quiere comer la vianda de que tiene apetito porque le es dañosa; y dale la vida el no quererla comer, aunque no se le quite el apetito desordenado. Y de esta manera está dicho que podemos producir actos de virtudes cuantas veces quisiéremos.

Y es de notar que, allende del continuo estudio que debemos tener en ejercitar la voluntad en querer las buenas cosas que debemos nosotros desear, y en dejar de querer las malas, para fabricar buenos hábitos y deshacer los malos, pero aun muy en especial cumple aprovecharnos cada rato de este *notable* para refrenar los primeros movimientos, que aun a los muy virtuosos guerrean, o en que nos detenemos o consentimos a las veces, cuando el movimiento es de obra o pensamiento de pecado venial, así como holgamos que sean algo estimados nuestros hechos y dichos, o de las personas que según el mundo amamos, o entristecernos o

dolernos de lo contrario, como injurias o disfavores. En lo cual todo detenernos o consentir, aunque
no sea de suyo mortal, es, sin embargo, tan dañoso
cuanto sabe el que de verdad busca a Dios, porque
con ella se embota o agravia el alma para todo lo
que debería hacer.

Debe, pues, el que desea siempre ser señor de
sí mismo y poderoso de ligeramente bien obrar,
dar luego en el primer movimiento un golpe con
la voluntad, queriendo las injurias y trabajos, o
desdén, o sinsabor, o cualquier contradicción que
se nos ofrezca; contradicción con el tal querer al
dolor que el primer movimiento traerá de las tales
injurias y las otras cosas semejantes ya dichas; y
dando la vuelta a los favores y honras y contenta-
mientos de alguna cosa vana, adonde se ofrecerá
un movimiento de placer, debemos estar apercibidos para con la voluntad producir acto de no querer la tal cosa que naturalmente deseamos; porque
haciéndolo así excusaremos liviandad y pecado,
y haciéndolo muchas veces, quedaremos con excelentes hábitos, deshechos los malos; y en esto está
la llave de nuestro reparo.

Notad aún también que muchas veces, por los
malos hábitos o costumbres, se os hará dificultoso
el querer el bien, o el no querer el mal, o tomar un
fin o dejar otro; pero al cabo, como ya es dicho en
el párrafo primero y segundo, está en nuestra mano,
aunque a los principios produciréis tan flacos actos

que os parecerá que ni es querer ni no querer; pero no dejéis de producirlos, porque poco a poco se hacen grandes; y aun cuando son chicos, son harto meritorios al alma.

También os parecerá todo esto a los principios como nonada, pero así parece nonada un nominativo a un principiante de gramática, pero con aquel nominativo y otro y otro poquito, etc., al cabo de un año habla y entiende cuanto quiere; y mucho más al cabo de dos, y así se hace perfecto gramático. Pero notad que cada día estudia, y muchas horas del día, y con mucho esfuerzo de su memoria y entendimiento, y todo lo ha menester; y mucho más es menester en la muy alta ciencia en que aprendemos a servir a Cristo; para lo cual no un hábito, sino muchos habemos menester de adquirir, como son hábito de caridad de Dios y del prójimo, y en especial del enemigo, y hábito de humildad y paciencia y abstinencia; de los cuales cada uno requiere más tiempo que ser gramático; de parte de tener plantados en nuestra alma otros hábitos muy contrarios de estos, lo cual no tiene el que estudia gramática u otra ciencia.

Notad también que cuanto más vehementes o fuertes actos fueren los que vuestra voluntad produce, tanto más presto ganaréis el hábito, como acontece entre dos de igual ingenio: saber el uno más en un año que el otro en dos, porque este trabajó poco y el otro cuanto pudo.

Llamaremos vehemente o intenso acto cuando se ofreciere alguna injuria, o disfavor, o abatimiento, no pensando, o a lo menos no imagina de pensar si se ofreciere, si entonces inclinásemos fuertemente la voluntad a quererlo, tanto que nos gozásemos, porque con el tal gozo quedase nuestra alma muy domada contra lo que primero amaga, fuera del querer de Dios; y por el contrario, si alguna honra o favor se nos ofreciere, inclinaremos fuertemente la voluntad a pesarnos, porque la tal honra nos es algún disfavor para la humillación, que es camino de la humildad que tanto Dios ama. Estos tales actos son de tanta fuerza, que pocos de ellos harán tan excelente hábito de humildad y paciencia, aunque, según regla común, de muchos actos se hace un hábito. Y como se ha dicho de estas virtudes se entiende de todas las otras.

Es también aquí de notar que sobre todo requiere nuestra flaqueza trabajar con mucha fuerza de desarraigar los vicios. Raíz de vicios llamaremos la más pequeña inclinación, y mucho más la mayor, que en nosotros sintiéremos bullir contra cualquier cosa de las que en el santo Evangelio nos están mandadas o aconsejadas. Y trabajemos como hombres e hijos de Dios, porque, por muy arraigadas que estén las tales raíces, tantas veces trabajemos que las arranquemos de la tierra de nuestra carne, como acontece cada día arrancando de tierra raíces de algunas plantas corporales, que no las arrancan del primero, ni del segundo, ni del tercer tiro, sino de muchos; y muchos más se requieren para arrancar el mal hábito vicioso, porque está muy más fuertemente plantado en el cuerpo y en el alma.

Este *notable* ha sido de pocas palabras, pero notad que tales suelen ser todos los principios de las facultades o artes; pero es de tanto provecho, que solo este basta para dar orden y manera de obrar, aunque ninguna otra arte se supiese; y es tan necesario saberlo y entenderle muy enteramente cuanto es menester el fundamento en todo fuerte edificio. Y sería liviandad pensar alcanzar la alteza de las virtudes por vía ordinaria sin la manera aquí puesta; y por no acertar en ella, hartos han trabajado mucho y alcanzado poco, como acaece cada día en muchas cosas del mundo.

NOTABLE VII

ESTE SÉPTIMO Y FINAL *notable* declara por manera de práctica la manera de plantar y fabricar los buenos hábitos y desarraigar los malos con los sobredichos instrumentos, y en el ejercicio de esto va la vida a los principiantes y aun a todos; y dice más, que para la conservación de la humildad quiso Dios que, aunque tengamos ya excelentes hábitos de virtudes, no sepamos si le es gracioso nuestro servicio o si tenemos su gracia; y da una gran señal que nos convida a creer que tenemos esta gracia; y pone, en fin, la razón por qué algunas veces no alcanzamos alguna virtud de las que a nuestro parecer procuramos.

Es, pues, lo séptimo de notar del que compuestamente desea servir a tan gran Señor, que presupuesto ya que el estrago del ánima está en malos hábitos y el reparo en buenos, los cuales se hacen de muchos actos o de pocos vehementes e intensos, como en el párrafo quinto del precedente *notable* se declaró, que, como los hábitos estén en el ánima, así los actos con que se engendran han de ser principalmente con los instrumentos del ánima, puesto que a las veces reciban ayuda de lo corporal.

Ejemplo: Quiere y desea un hombre tener una casa a su contentamiento; tiene dineros y aun materiales allegados para ella; por más que piense y la desee, nunca la tendrá hasta que labre y junte un material con otro, según que es menester para formar la tal casa. Bien así de esta manera es uno impaciente y querría repararse y cobrar hábito de paciencia; sepa este tal que por muchas injurias que le hagan de palabras y de obra, y aun por mucho que desee la tal paciencia, y aun por mucho que se esfuerce a callar de palabra y a tener quedas las manos, nunca hará hábito de paciencia si no se ayuda principalmente con lo interior del ánima, moviendo muchas veces el entendimiento a considerar el gran bien de la paciencia, y la voluntad como instrumento necesario para fabricarla, inclinando esa voluntad a querer ser injuriado y perseguido por el amor de aquel Señor que a ello nos amonesta y lo sufrió por nosotros.

Habéis, pues, de plantar este hábito de esta manera, y ayuda para aquí lo del sexto *notable*. Ofreced a vuestro pensamiento qué sintiereis si tal o tal injuria os hiciesen, representando alguna injuria que mucho aborrezcáis; veniros luego como un espanto de ella con el mal hábito que tenéis. Tomad vos luego y acordaos del mucho bien que hay en sufrir las tales injurias, y forzad vuestra voluntad a quererlas, y no dejéis de forzaros, aunque os parezca que va forzado, porque todavía lleva algo de voluntario; y tantas veces haréis actos semejantes, que crezca aquello que parecía poco voluntario, y vengáis a sufrir la injuria de voluntad y quedará hecho el hábito.

Este ejemplo puede aprovechar para hacer todos los hábitos, porque lo mismo que se ha dicho de la paciencia se puede decir de la humildad mudándole el nombre, lo mismo de la pobreza, lo mismo de la templanza y abstinencia; porque considerando el mucho bien que en estas virtudes hay, y forzando vuestra voluntad (como ya es dicho) a querer aquella pobreza y mengua de vianda, quedaréis con los hábitos de pobreza y abstinencia.

Y si consideráis ser voluntad de Dios que os apartéis de los deleites torpes de la carne y forzáis vuestra voluntad a nunca quererlos y nunca detenernos en el pensamiento de ellos, ni aun por breve espacio, quedaréis en breves días con excelente hábito de castidad; y de esta manera puede uno estar santamente habituado.

Y notad que si, como se ha dicho, por solo ofrecimiento de la injuria al pensamiento se puede fabricar el tal hábito, mucho mejor y más presto se fabricará si nos viene de hecho la tal injuria, o cosa que nos parece estar algo corridos o abatidos delante la gente con quien conversamos, si entonces forzamos la voluntad a quererla.

La razón de esto es porque los actos de la voluntad, aceptante la injuria que tenemos presente, son más vehementes y, por consiguiente, más domadores del alma que los de la voluntad que acepta y quiere la injuria que se le ofrece o piensa poderle venir; y pocos actos vehementes obran más que muchos remisos para fabricar hábito, según se declara en el párrafo quinto del anterior *notable;* y debe notar mucho esto el que desea ser gran siervo de Dios, porque no debe decir ni pensar que hace lo que en sí es para alcanzar las mercedes y gracias de Dios, que no quiere y huelga que se ofrezcan las cosas con que más se puede disponer para esas mercedes, como son los ofrecimientos de injurias y menosprecios; pues que se requiere tan de necesidad para amenguar los vicios y hacer crecer las virtudes, para venir a la perfecta caridad, en la cual está todo bien y servicio perfecto.

Para todo esto sería mucho menester tener muy fortificada la voluntad con una gama de lo bueno y aborrecimiento de lo malo; para lo cual aprovecharán las muy altas consideraciones y razones de que los libros devotos están llenos; porque aquí, aunque se digan algunas, serán pocas, porque no se entiende, principalmente, sino dar forma o arte cómo se pongan en obra esas virtudes, que en otras partes están escritas con muchos loores, y cómo se destruirán muy de raíz los vicios que con muchos vituperios están reprobados, dejando todo lo demás por brevedad y por estar escrito en cada libro.

Pareció aún bien notar con lo sobredicho, porque siempre nos refrene algún temor, que, por excelentes hábitos de virtudes que uno tenga, no por eso tiene certidumbre del bien verdadero, que es la gracia de Dios; la cual, aunque cierto se da cuando tenemos lo sobredicho o que se dirá, pero nunca podemos nosotros ser ciertos por vía natural, cuando lo tenemos según que es voluntad de Dios que lo tengamos; y así no podemos tener certidumbre de la gracia. Y parece que se podría decir que la mayor señal para creer que uno tiene la gracia de Dios es cuando así pensamos en las virtudes de que ya estamos habituados como pensaríamos en las ajenas; esto es, que no se eleva más nuestro corazón, pero bendice a Dios de quien es todo bien, y así se ufana de unas como de otras por la gloria y alabanza de este Dios, que en lo uno y en lo otro se manifiesta igualmente.

§ 3.º Es aún, por conclusión, de notar, para que no pongamos la culpa de nuestra flojura sobre lo que leemos, que si a alguno pareciere que procura algunas cosas de las que aquí se dicen que debemos hacer, y que no lo puede alcanzar, sepa que le viene porque deja de procurar otra de las que también se escriben. Así como si uno procurase mucho de no sentir las injurias que le son hechas, sin procurar ni trabajar de alcanzar el propio aborrecimiento de sí mismo (como está escrito en su lugar), poco aprovecharía, porque alteza en una virtud y flojura en otra no lo sufre Dios.

SEGUNDA PARTE

Sigue la segunda parte principal del arte o manera de algunos ejercicios que el siervo de Dios debe tener para reparo del ánima estragada.

Esta segunda parte se podría tanto extender cuanta es nuestra perdición; así que, según esto, podría ser casi sin término; pero será bien acortar en palabras porque nos quede más tiempo para el obrar.

El verdadero siervo de Dios, que ya en los precedentes *notables* ha venido en algún conocimiento del estrago de su alma y de los grandes poderes o instrumentos que tiene para remediarla, y del arte con que se ha de aprovechar de esos poderes, con otras cosas que muy necesariamente se requieren, será bien que se ejercite en las cosas que son menester para el reparo que ha menester para estar bien dispuesto. Y debe luego en principio ocuparse en deshacer todo lo malo que en su alma hubiere, que son los pecados, porque, queriendo hacer algún servicio, no haya en él cosa que ofenda los ojos de tan gran Majestad. Y hecho esto, debe también adornar y componer su alma de los hábitos y virtudes con que más graciosa pueda parecer en su servir; y de estas cosas se ha de proveer manera en esta segunda parte, y se dirán en los dos capítulos primeros dos cosas para remediar o deshacer los pecados; y después en los siete capítulos siguientes se dirán otras para adornar el alma con todo parato, y se pondrá en principio de cada capítulo un sumario de lo que en él se contiene.

1.
DE LA CONTRICIÓN

De lo que se requiere primero para remediar el estrago del ánima; lo cual es dolor verdadero del pecado, para lo cual se declara la gran maldad de él y luego la manera o arte de haber el tal dolor.

Quien a tan alto Señor tiene ofendido con crueles traiciones y le quiere servir, justo es que en principio procure perdón, y de tal manera cual más le torne su gracia y amistad de su Señor; y porque no anduviésemos desconfiados o sin pensamiento de hallar remedio, como lo requiere nuestra gran maldad, provee Su Majestad, y con remedio que sea ligero, como quien desea lo que nos cumple; y es el remedio que tengamos pena de las traiciones y ofensas que pecando cometimos, y tan presto serán olvidados delante de Dios nuestros males, cuan presto fuere la pena y dolor en nuestro corazón.

La maldad del pecado es tanta, que todo el dolor y lágrimas de los del mundo no son bastantes para deshacerle, y mucho menos bastará el dolor o lágrimas de uno solo; pero la piedad de nuestro clementísimo Señor es tanta, que se contenta que a cada uno le pese de sus pecados de corazón entero, y él suple de su parte todo lo mucho más que es menester para cumplido remedio; esto es, su gracia, la cual cierto da haciendo cada uno lo que en sí es. Justo es el dolor del pecado, pues que ninguno hay a quien naturalmente no pese de haber hecho algo de donde le viene o le puede venir algún mal o perder algún bien.

El pecado hace perder el bien infinito, que es Dios. Hace perder la gracia, en quien están todas nuestras riquezas. Hace vasallos del demonio y enemigos de Dios, de modo que quien en él muere sea siempre desheredado del reino de los cielos y sepultado en las cuevas infernales; y verdaderamente muy justamente es debido tanto mal a quien ofende y comete traición pecando contra el muy alto Dios que quiso morir por darnos la vida. Hace tanto mal el pecado cuanto conocerá sin leerlo el que por muchos días le hubiere llorado de verdad; y cuanto conocerá, aunque lo lea y crea, el que no le hubiere llorado; y por esto y porque los libros están llenos de lo perteneciente a este punto, abrevio en ello.

Debe ser muy más luengo nuestro dolor que cuantas palabras nos lo muestran escrito, pues que tan bueno es el Señor a quien ofendimos, y tan dignísimo de ser siempre servido y nunca ofendido, cuya ofensa y enojo sobre todo nos debe lastimar y cuyo querer y bondad sobre todo nos debe mover a deshacer nuestros males llorando; porque así deshechos, Su Majestad se sirva de nosotros. Y para este fin que nos debe mover a llorar es menester el segundo *notable*.

La manera de haber este dolor, usando de arte si el corazón se hallare duro, es de nuestra parte que, representando en nuestra ánima el mal que del pecado viene, (de lo cual ya vimos), nos esforcemos con la voluntad a no querer haberlo cometido y a no querer que Dios hubiera sido ofendido. Y este acto de la voluntad, que es no querer debemos procurar de producirle muchas veces generalmente, y otras discurriendo de una especie de pecado en otra y con el mayor esfuerzo de pena que pudiéremos, aunque nos parezca alguna vez no tener dolor sensual, porque este sensual no es en nuestra mano ni necesario, aun que es muy santo; y Dios, en cuya mano es darle, nos le dará si nosotros tomamos muchas veces, como dije, el que podemos.

Y en este dolor se debe ocupar un mes o dos a lo menos el que comienza de servir a Dios.

2.
DEL PROPIO ABORRECIMIENTO

De lo que se requiere para destruir el estrago y malas costumbres del alma; y habla del propio aborrecimiento de nosotros mismos (y es muy notable), donde se ponen tres cosas dignas de mención. La una es de la manera como se debe cada uno aborrecer con un buen ejemplo. La otra, por qué se debe aborrecer. La otra y tercera se compadece con caridad el tal aborrecimiento.

LA SEGUNDA COSA PARA DESTRUIR la corrupción y malos hábitos de nuestra alma, y en que sobre todo otro ejercicio nos va la vida, para venir al verdadero amor con que Dios se sirve, es el propio aborrecimiento, porque del propio amor vienen infinitos males, y de estos tantos se engendran los perversos hábitos; y así, cerrando nuestro amor propio por la entrada del santo aborrecimiento que el santo Evangelio en muchas partes nos amonesta, quedará destruido todo pecado y mal hábito.

Y porque este propio aborrecimiento es una cosa que parece espantar, por el naturalísimo amor que cada uno se tiene, y aun obligación de amarse más que al mundo todo, será bien ver aquí algunas cosas acerca de este punto.

Lo primero es la manera en que cada uno se debe aborrecer. Lo segundo, por qué se debe aborrecer. Lo tercero, cómo se compadece tal aborrecimiento con verdadera caridad, la cual comienza del amor de sí mismo.

§ 2.º Y brevemente respondiendo lo que puede bastar, digo a lo primero, habiendo aquí por presupuesto la regla del sexto *notable,* que la manera de aborrecerse cada uno es que ninguna cosa placentera quiera, ni desee, ni tome para sí, salvo lo que no puede dejar de querer o desear o tomar sin ofender a Dios. Y cuando la tal cosa tomare, por no poderla dejar sin culpa, sea con dolor de su parte; esto es, que, considerando cuán desmerecedor es de todo placer por sus pecados, le pese de recibirlo; pero en cuanto Dios lo quiere, lo reciba con gozo.

Ejemplo: Comer, dormir o semejante cosa que trae algún placer nunca lo toméis, ni lo queráis, ni lo deseéis por vuestra consolación o por satisfacer a vuestro apetito; pero asentad en vos con voluntad muy firme que no lo tomes salvo porque Dios quiere que lo toméis. Y para hacer o tener esta voluntad muy firme son menester los actos del párrafo segundo del sexto *notable*.

Conoceréis que lo tenéis y hacéis cuando tanto tomáis de estas cosas y en aquella manera como creéis que Dios quiere que lo toméis o deseéis.

Quiere Dios que toméis lo necesario en cantidad y calidad. En cantidad quiere decir lo que buena y no fingidamente habéis menester para estar dispuesto y recio para su servicio. En calidad quiere decir que con todo esfuerzo procuréis de desechar todo sabor, salvo si también alguna vez fuese menester para remediar vuestra flaqueza. Siempre en las tales y semejantes cosas sería bien tomar algo de menos, aun cuando nos parece haberlo menester, porque muchas veces engaña el amor demasiado y pocas el propio aborrecimiento. Para esto aprovecha, como san Buenaventura dice, la propia experiencia con voluntad devota.

Aun es menester, junto con lo sobredicho de la manera en que cada uno se debe aborrecer, que todos los trabajos o sinsabores que se pudieren hacer, querer y desear, que todos los tome, quiera y desee que sean hechos con tal que no sean contra voluntad de Dios, o con tal que no sean ocasión de algún daño espiritual o corporal. Y para esto es menester tiento grande y consejo mucho de personas aprobadas en discreción y vida, y miedo continuo de ser engañados so color de bien, porque escrito está: *No queráis creer a todo espíritu*[2]. Y sobre todo da mucha claridad en todo esto la lumbre del Espíritu Santo, la cual cierto se dará a quien con humildad lo procure.

---

[2] *I Io.* IV, 1

§ 3.º Aun es menester, junto con lo sobredicho, si queremos aborrecernos en gloriosa manera, que no solamente dejemos toda cosa placentera y deseemos todo sinsabor, según se acaba de decir; pero que estemos muy sobre aviso para gozarnos, teniendo por grande merced de Dios cuando los tales sinsabores y quitamiento de cosas placenteras y aun necesarias nos vinieren de mano ajena, la cual suele más lastimar con sus golpes que la propia: y en especial pareciéndonos que el que así nos trata mal lo hace con indiscreta o maliciosa intención; lo cual, puesto que no lo debamos juzgar sin manifiestas señales y a un no con entera determinación, y puesto también que nos debamos doler mucho de la culpa del perseguidor, teniéndole entrañable amor como a persona de quien recibimos beneficio señalado; pero cuando ya claramente lo viéremos, debemos estar muy sobre aviso para que no se nos pierda joya o merced tan preciosa; pero considerando las razones por qué se debe cada uno aborrecer, como se dice en el siguiente párrafo, acuda presto con la voluntad, produciendo mil actos de querer y aceptar el tal menosprecio y persecución que nos es hecha; lo cual haciendo, quedaremos enriquecidos del odio santo tras que andamos.

Todo lo sobredicho nos enseñó por palabra y por ejemplo Cristo, nuestro soberano Maestro, cuya santísima ánima, aunque nunca tuvo llaga de pecado, ni por consiguiente hubo menester tratar su precioso cuerpo con aborrecimiento de aspereza; pero quiso, por nuestro ejemplo y favor, menospreciar todo lo deleitoso y consentir de ser perseguido y maltratado más que todos, como parece manifiestamente en el santo Evangelio, porque mirásemos cuánto deberíamos nosotros hacer por alcanzarlo, pues tanto lo habemos menester, y pues que tanto quiso Su Majestad sufrir por inducirnos a ello con su ejemplo. Y esto quiere decir lo que san Pedro escribe en su epístola: *Christus pronobis passus est, vobis relinquens exemplum, ut sequamini vestigia eius*[3].

Pues abramos los ojos por Dios y miremos qué justicia es que nuestro Dios y Señor haya sido tan maltratado, injuriado y perseguido por nuestras culpas y para nuestra doctrina, y que nosotros tan sin vergüenza le desamparemos, y no solamente no suframos de hecho injuria ni pena por su servicio, pero ni aun tengamos voluntad de sufrirlo, ni estudiemos en ello, ni lo deseemos, ni aun queremos que nos hable en ello.

Cierto, como sería cosa para burlar llamarse uno estudiante en teología y querer ser reputado teólogo sin ocuparse en el estudio de ella, o siquiera en desearla saber con algún comienzo para ello, así es cosa de burlar que se tenga por siervo de Dios o esté en congregación religiosa que es escuela

---

[3] *II Pet.* II, 21.

diputada para estudio de virtudes, quien este santo aborrecimiento no procura y estudia de alcanzar, y en especial teniendo siempre presente tan alto Maestro que nos lo enseña.

Miren, pues, esto si por ventura hay algunos descuidados en las escuelas de la religión, y sepan en verdad no pertenecerles el nombre de religiosos si no estudian en doctrina y de tan alto Maestro, por palabra y ejemplo enseñada. Y en verdad, si otra cosa no nos moviese a este estudio sino querer parecer o remedar a este gran Maestro, Hijo de Dios poderoso y Señor nuestro, esto solo nos debería bastar para que sin más razones caminásemos con grande amor por camino donde tan alto Señor va; pues somos ciertos que ni puede errar en el camino, ni le puede faltar el término de muy alta gloria.

Y del arte para alcanzar esto proveerse ha cuasi en fin del párrafo siguiente. Pero para más enteramente poder alcanzarlo, tenemos aquí al presente una cosa, que leído de presto parecerá pequeña y vista despacio parecerá de alto valor, y es que el más continuo ejercicio que nos cumple tener para venir a este santo aborrecimiento es perseguir siempre nuestros infinitos y menudos propios quereres, que tenemos cada momento si miramos en ello; y la manera de perseguirlos debe ser como quien acecha a un gran enemigo; y así nosotros debemos mirar con gran cuidado si por ventura queremos algo que no sea de Dios o para Dios. Y en el punto que sintiéremos acaecer algo de que holgamos fuera de Dios, luego debemos inclinar la voluntad a contradecir y no quererlo con el poder que para ello tenemos según el sexto *notable;* y en el punto que sintiéremos acaecer algo de que nos pese, luego debemos inclinar la voluntad a quererlo.

Y cierto quien esto mucho ejercitare alcanzará muy más presto el santo aborrecimiento, y con él un señorío tan grande cual no se puede declarar con palabras, hasta que plega al Señor que le tengamos. Otra vez digo que se lea y obre esto con grandísima diligencia, porque cierto se contiene en ello una llave muy secreta y llena de guardas para la muy alta perfección.

§ 4.º A lo segundo, que es por qué se debe cada uno aborrecer, aunque debe bastar por respuesta lo que nuestro Redentor dice, que quien no se aborreciere no puede ser su discípulo, y que si alguno quisiere ir en pos de Él que niegue a sí mismo; pero para mayor claridad y contentamiento de quien poco siente, notaremos que por muchas cosas nos es la vida y nos demanda Dios el aborrecimiento de nosotros mismos.

Lo primero, y que debía bastar por segundo y postrero, es que todo cuanto mal tenemos y cuanta falta de bien y virtud, todo nace de aquella parte de adonde no nos aborrecemos. Se prueba, porque todo este mal o falta de bien nos viene de alguna cosa que amamos o deseamos contra o fuera de los mandamientos o consejos de nuestro Señor.

Sea aún lo segundo por qué nos debemos aborrecer, porque, pues habemos sido traidores a Dios pecando, es justo que hagamos toda la satisfacción que pudiéremos; y pues debemos satisfacer mucho según la maldad de nuestro pecado, y podemos poco, debemos a lo menos aborrecernos, como ya es dicho, y querer que todos nos aborrezcan en la manera que pueden sin pecar, porque así satisfagamos a Dios, pues que de otra manera no bastan nuestras fuerzas.

Si me preguntáis qué traición es la que el pecador cometió, respondo que es la mayor de las traiciones, porque es dar la muerte o quitar la vida a su Señor; y que esto haga el pecador, san Pablo lo dice cuando afirma que *otra vez crucifican a Cristo*[4] por el pecado; y si preguntáis cómo se entiende esto, oíd al mismo san Pablo, que dice: *Vive en mí Cristo.* Entiéndase por una vida espiritual, conque vive vivificando las almas y obrando con ellas obras de vida, según está escrito que todas nuestras obras obró Dios en nosotros. De esta manera vive Dios en cualquier justo; pues según esto, como no viva de esta manera en el pecador, clara verdad es que le mata pecando. Cuánta traición y maldad sea esta, y cuán encerradora de males, péselo quien bien siente.

Sea aún lo tercero por qué nos debemos aborrecer, y esto es más alto, porque, vaciada nuestra

---

[4] *Hebr.* VI, *6.*

ánima de nuestro propio amor tanto cuanto Dios quiere, sea llena de ese mismo Dios, cuya bondad no sufría vernos vacíos de nuestro amor y no henchirnos del suyo.

Dije ser esto lo más alto que nos debía mover a nuestro propio aborrecimiento, porque ninguna cosa puede ser tan bien cumplida (según se dice en el párrafo séptimo del capítulo del amor de Dios), cuanto que aborrezcamos todos nuestros sensuales quereres, porque así reine en nuestra voluntad el muy alto querer de Dios, que es ese mismo Dios, y esta es la mayor alteza que podemos acá tener. ¡Oh!, pues, por reverencia de Dios y por el infinito deseo que de bueno tiene de nuestra alteza, y por el natural deseo que del muy alto bien tenemos todos, no seamos descuidados, mas demos mil vueltas, sotilizando maneras de santamente aborrecernos para alcanzar tan grande y perpetua riqueza. Y pues nuestra cobardía no basta para maltratarnos según debemos, deseemos y consintamos con grande amor ser corridos y perseguidos de otros, porque no es otra cosa la persecución sino una fragua o martillo con que se quita el orín y escoria de nuestra ánima, o una lancetada o botón de fuego dado en el ánima para desemponzoñarla del propio amor, que nos tiene enconados para todo bien; porque, así desenconados, podamos obrar la muy alta obra de Dios, que es su amor.

Demos, pues, mil saltos de placer cuando fuéremos maltratados con injurias y sinrazones, y clamemos con grande amor de Dios y de nuestro perseguidor, diciendo: *Unde hoc mihi,* que tenga yo en la tierra quien así desemponzoña mi ánima, y me sea ocasión para enriquecer en las muy altas riquezas de Dios. Miremos que por gran dicha se tiene acertar con cirujano que nos cure de las llagas del cuerpo, aunque no sin toques que nos lleguen a lo vivo del ánima; pues cierto es muy más crecida dicha acertar en compañía de quien nos maltratare sin razón y nos quite lo que hemos menester; pues que si lo abrazamos de voluntad, quedamos sanos de la mortífera ponzoña de nuestro amor.

¡Oh, bienaventurado quien esto sintiere y deseare, procurándolo con vivo y continuo estudio! ¡Oh, más bienaventurado el que cuando se viere en el combate de esta persecución, tragare los tragos amargos de ella por alcanzar y tener este amor!

¡Oh, muy más bienaventurado el que por mucho ejercicio estuviere tan adiestrado en la grandeza de este suavísimo aborrecimiento que, aunque según natural inclinación sea muy penosa la persecución, pero el encendido apetito de crecer en el amor de Dios se lo torna en tanto dulzor cuanto suele traer lo que con mucho sabor deseamos!

Y del arte que se requiere de nuestra parte para alcanzar esto se escribe abajo en el párrafo cuarto del capítulo sexto, que habla de la humildad, la cual es fundamento de todo esto; pero aun será bien que al presente se provea con más esforzada plática del arte que para alcanzar este odio santo se requiere por ser cosa tan usada.

Para lo cual notaremos que cumple estar muy sobre aviso que al tiempo de inclinar la voluntad a querer la tal persecución no debemos ofrecer luego ante nuestros ojos esa persecución, forzándonos a quererla; porque aceptar voluntariamente la persecución, cuando está presente o muy reciente, sería muy dificultoso, si no fuéremos prevenidos de la unción del Espíritu Santo; pero hagamos de esta manera, usando de arte o santa manera.

Acaece sernos hecha alguna injuria sin razón y muy penosa, y veisnos puestos en aprieto de muerte; porque a la sensualidad en tal caso no le queda vida, la pobrecita de la razón no está tan señora como debería, y se compadece de ella como de hermana, aunque enemiga. El demonio, que no duerme, usa de la artillería de su poderosa maldad para encendernos en mayor sentimiento de la persecución; *pues fiel es Dios,* dice san Pablo, *que no permitirá daros mayor encuentro del que pudieres sufrir sin caer*[5].

Pero cumple ahora ver lo que de nuestra parte podemos y debemos hacer en tal afrenta con ayuda de nuestro gran Dios, y es que, estando así la injuria presente o cercana, la olvidemos cuanto pudiéremos por algún brevecito espacio; y en ese mismo

_____
[5] *I Cor.* X, 13.

espacio, levantemos los ojos de nuestra consideración a pensar la riqueza infinita que se contiene en
amar a Dios, de que se dice abajo en la tercera parte;
y que en esta consideración inclinemos la voluntad a enamorarse de tan alto bien como es este
amor; y estando así enamorados y codiciosos de tan
gran riqueza, tornemos a inclinar la voluntad a la
casi olvidada y presente persecución; y reputando
ser tan necesaria, como dicho es, para alcanzar la
riqueza del amor, querámosla fuertemente por
la libertad que tenemos de querer cualquier cosa,
según la regla del sexto *notable.*

Y de esta manera no es de dudar, sino que,
emblandecida la voluntad y fortificada con él premio del amor y gloria que le vendrá, estará muy
aparejada para ser inclinada y traída a querer la tal
persecución que primero nos espantaba; y cierto,
con algunas veces que lo usemos, como es dicho,
quedaremos tan bien acostumbrados, que lo que
antes nos parecía sobre toda naturaleza, ya lo hagamos con gracioso sabor.

Otra vez me parece decir que se note esto que aquí
se ha proveído en forma de arte, porque es algo dificultoso de entender y obrar y es gran punto para todo
este capítulo y para el capítulo de la humildad y de la
paciencia y de las pasiones del ánima, y para el capítulo de nuestro propio amor, y para cualquier dificultad o trabajo interior o exterior que se nos ofrezca, y,
en suma, para todo el arte de servir a Dios.

A lo tercero, que es cómo se compadece con verdadera caridad aborrecerse el hombre a sí mismo, respondo que no solo se compadece, pero nunca llegaremos a lo más alto de la caridad hasta que nos aborrezcamos; porque en el punto que uno se aborrece en la manera que arriba se dijo, luego y no antes tiene consigo todo el amor que cumple tenerse, y que le es muy provechoso y glorioso, y cual Dios quiere que nos tengamos; esto es, que tiene el amor de Dios y de las virtudes y gloria de todo lo que a ello le traen. Y este tal amor no consiente llegar a sí vicio ninguno, por mucho que a él seamos inclinados; y así, negando a nosotros mismos el mal que por mala inclinación deseamos, aborreciéndonos en quitar a nosotros mismos el mal que deseamos, somos llenos del verdadero y santo amor. De esto se dirá abajo en el capítulo noveno y en el capítulo del amor de sí mismo.

3.
DE TRES COSAS NECESARIAS
PARA ADORNAR EL ALMA

El capítulo tercero declara qué cosa es concordia de la sensualidad y de la razón; y pone tres cosas que son generalmente menester para componer y adornar el ánima que ha de servir y amar a Dios, y que se va ya reparando algo con las dos cosas precedentes.

PARA MAYOR DECLARACIÓN y entrada de lo que de las virtudes y de algunas cosas que para ornamento del ánima se ha de decir, notaremos que aquel tendrá compuesta y adornada su ánima que tuviere concordes sus apetitos naturales con la razón y con las leyes del muy Alto. Y no es otra cosa esta concordia sino un amontonamiento de virtudes, que, asentadas cada cual en el lugar que en el ánima le pertenece, la hermosean y gobiernan, como a su tanta dignidad pertenece, sosegando los falsos y malos apetitos que del pecado se le habían pegado, y disponiéndola para obedecer y servir graciosamente y sin rebeldía a la voluntad del Señor que la crio.

Será bien, pues que así es, ver qué arte o manera tendremos para alcanzar estas virtudes, diciendo algo de alguna de ellas, y de algunas cosas que también se requieren para las alcanzar.

Y según de nuestra verdad evangélica y de los doctores santos se colige, a tres cosas podemos reducir al presente las que se requieren y en que se debe ocupar de continuo el que tan alta compostura quiere alcanzar. Lo primero, en demandar socorro y ayuda a quien más puede que él, pues que fuerzas humanas son flacas para tan gran cosa; y para esto es la oración. Lo segundo, en fabricar con muchos actos particulares, como con materiales, estos hábitos de virtudes. Lo tercero, en tener a rienda o guiar con buen tiento las pasiones naturales que hay en todos los hombres, que llaman los teólogos y filósofos gozo y tristeza, esperanza y temor.

Veamos, pues, de todas estas tres cosas, según en los siguientes seis capítulos se dirá, y siempre teniendo en la memoria los *notables* de la primera parte, que han de ser aquí cada rato menester.

4.
DE LA ORACIÓN

De la oración con que se debe demandar socorro para hermosear el alma con la compostura de las virtudes, y por qué quiso Dios que la demandásemos; y qué ha de tener la oración para que de nuestra parte sea excelente; con grandes doctrinas en la materia de oración, en especial un hermoso y largo ejemplo declarador de grandes cosas; y se provee también a una tibieza que a los altos oradores se ofrecerá al principio, y en fin del capítulo pone un aviso memorable.

QUISO NUESTRO MUY ALTO Dios dejarnos necesitados de su socorro sobrenatural, pues que las mercedes para que nos crio son sobrenaturales; y aun quiso que se lo demandásemos, no porque no tiene mayor gana de darlo que nosotros de tomarlo, pero porque poseamos con mayor gloria lo que alcanzáremos con trabajo de pedirlo; y aun por otra razón, y es porque no solamente de parte de la oración nos hagamos algo merecedores de lo que pedimos, pidiendo según debemos, pero porque en cuanto pedidores importunos nos representamos muchas veces delante el Señor a quien pedimos; y presentados delante de Él, vengamos en conocimiento de su grandeza; porque cuanto más presente tenemos la cosa, tanto más se imprime el conocimiento de ella; y cuanto más conocimiento tuviéremos de su grandeza y soberanas excelencias, tanto más nos holguemos con Él; y cuanto más nos holgáremos y le conociéremos, tanto más le amemos; y cuanto más le amáremos y conociéremos, tanto más resplandezca en nuestras almas la luz de su verdad; y cuanto más esta luz resplandeciere con su amor, tanto más todo lo que no es Dios o enderezado en Dios sea reputado nada en nuestros ojos, y tanto más aborrezcamos todo mal, y tanto más nos abracemos con toda virtud y nos alleguemos a ese mismo Dios.

De donde parece claro que la oración por diversas razones es muy cierto camino para alcanzar cuanto hubiéremos menester y para llevarnos a la alteza del amor para que nacimos.

Debéis tener la oración, o la necesidad que de la oración tenemos, por una prenda que Dios quiso tener de nosotros para tenernos cerca de sí, porque sabía cierto cuánto bien se nos podría recrecer de su presencia, y cuán cierto fuera nuestro olvido si tanto no le hubiéramos menester.

§ 2.º Habéis ahora de notar que la excelencia de la oración para que, siendo excelente, sea muy meritoria e imperatoria, no tanto está en que lo que pedimos sea cosa excelente, cuanto está en que sea con excelente motivo del que ora. Y si el motivo es igual demandando el paraíso y cuando demandamos pan para comer y salud para el cuerpo, llamarse ha igual en merecimiento la oración, aunque de parte de la cosa demandada sea mayor una oración que otra, y sea mayor cosa la que se alcanza en una oración que en otra. Y entonces será alguno excelente orador cuando todas las cosas espirituales y corporales, propias y ajenas, que deseare, todas las pide a Dios con excelente motivo.

§ 3.º El motivo que nos debe mover a pedir, es creer que Dios nuestro Señor quiere que hagamos aquello que pedimos; y quiere que se lo pidamos, para que mediante nuestra demanda lo merezcamos algo (como ya se declaró); y mediante el alcanzarlo estemos con ello más dispuestos para su servicio. Porque bienaventurado es el pan que come, para que comiendo viva el que, viviendo, se entiende siempre ocupar en crecer en el amor de la gloria de su Dios; y así el pedir el pan y todo lo demás con este motivo es de alto merecimiento; y así debemos también tener, que si pensásemos que Dios no es servido que alcancemos alguna cosa que mucho deseamos, que en cuanto en nos fuese luego dejaríamos de desearla y de demandarla.

En manera, pues, que como el hambriento comúnmente es movido a pedir de comer por el hambre que tiene, así el verdadero orador debe demandar de comer, y gracia, y virtudes, y gloria; no principalmente porque él tiene hambre de ello, sino porque Dios nuestro Señor tiene hambre, y quiere que hayamos las tales cosas, y espera nuestra demanda para dárnoslas. En manera que más me ha de hacer desear y pedir mi bien la gana que Dios tiene que lo tenga, que no el gozo o gloria que de tal bien espero que se me seguirá.

La manera, pues, de orar ha de ser que, habituada nuestra alma a querer todo lo que Dios quiere más que todas las cosas, y ejercitados en infinitas veces quererlas actualmente así, no principalmente por nuestro bien, pero porque su tan excelente querer es dignísimo de ser querido sobre todo querer, todo cuanto le demandáremos vaya enforrado en el tal hábito; y cada punto de lo que oráremos vaya cosido con actualmente querer y desear todo lo que demandamos, porque él quiere que lo tengamos, porque con ello seamos hechos mayores siervos suyos y con más amor. Bienaventurado quien así orare, porque en breves días será hecho hombre valiente, esforzado y poderoso.

Para todo lo sobredicho se requiere mucho tener muy bien sabidos y mejor obrados el segundo y sexto *notable*.

§ 4.º Vista, pues, ya la manera del orar, pareció que sería bien poner aquí un ejemplo en que se mostrase más claro todo lo dicho; porque yo he visto algunas personas espirituales que a su pensar oraban con este motivo, y no era así, y venían ellos en conocimiento de su falta con este ejemplo u otro semejante.

Desea alguno alguna virtud o gracia para algún bien, acuérdese que nuestro Señor dice que le demandemos lo que hubiéremos menester; pide instantemente y con harto conocimiento de su poquedad, y persevera en esta manera de demandar, y siente en su demanda sentimientos devotos y amor de Dios; piensan, como dije, algunos devotos que esta oración va hecha con perfecto motivo, y no es así, puesto que es buena y devota oración.

Si preguntan qué le falta, respondo que falta ser demandado por amor, aunque sea demandado con amor. Quiere decir que no basta para perfecto motivo del que ora que ame, con todo lo demás, pero que sea movido del mismo amor de Dios a pedir la cosa, y no del amor de la cosa deseada; aunque el amor de la cosa deseada y pedida se puede tener con gran perfección y merecimiento, refiriéndolo actualmente a amarlo porque Dios quiere que lo amemos, lo cual ya es otra cosa que casi sale del propósito del orar.

Considerando, pues, esto, muchos han venido en conocimiento que estaba escondido el querer y amor propio so el nombre del querer y amor de Dios; y que, aunque era verdad que amaban a Dios, pero que no eran movidos actualmente de este amor cuando oraban, sino del amor propio (aunque no mal amor), el cual les hacía desear lo que pedían por ser cosa buena.

Esto se entenderá mejor por lo que acontece cada rato entre los que se quieren bien, que se demandan algo el uno al otro, y demandándolo con amor que se tienen, pero el que lo demanda no lo demanda por amor de aquel su amigo a quien lo pide, sino por amor y provecho de sí mismo que lo pide; y de esta manera se dice arriba que debemos pedir a Dios, pero que pidamos con amor y por amor; esto es, que sintamos actualmente en nosotros un deseo de alcanzar lo que pedimos, porque así se sirva Dios más de nosotros con ello.

Grande tiento es menester para saber diferenciar estos amores, y va la vida en saberlo; y muchos han pensado que atinaban bien, y, abriendo los ojos con más claridad, hallaban que eran imaginaciones de verdadero amor, pero que estaban lejos de lo cierto.

Aquel debe creer que va bien en derecho que tomare por regla continua y se arrimare a un deseo actual de alcanzar, orando, tantas y tales virtudes que, adornado de ellas, Dios tome gozo de verle y él crezca altamente en su amor; y el que viere tan claro que le mueve esto cuan claro se puede ver en el ejemplo que está puesto arriba en el segundo *notable,* del que busca para su amigo la vianda o medicina que para sí ha menester, olvidado de sí mismo y de su menester propio.

Quien esto tuviere y demandare perdón de sus pecados, o le pesare de ellos, más le moverá un dolor de ver en su alma cosa que ofenda al Señor Dios, y un deseo de verla limpia para que ese Señor se sirva de ella, que no un descontentamiento que suele nacer de vernos desconcertados y apartados de la consolación espiritual que solíamos tener o deseábamos, o por otros temores. Y asimismo se puede ejemplificar de cuantas cosas demandamos, en que importunamos mucho, como quien quiere escapar de algún trabajo o alcanzar algún bien; porque debe bullir en nuestro corazón un deseo de escapar de aquel trabajo, no principalmente por la pena del trabajo, sino porque no nos embargue de servir a Dios, y con voluntad entera y no fingida; que si en alguna manera a nos escondida se sirve algún día de nuestro trabajo, que se cumpla su voluntad; y que este cumplimiento de su voluntad en nuestro trabajo sea a nosotros gozoso, alegrándonos porque en ellos se sirve Dios de nosotros; lo mismo digo del bien que deseáis alcanzar, y demandáis que sea no por vuestro consuelo, sino que sintáis en vuestra ánima un aguijón que bulle y lo haga desear; porque, teniendo aquel bien, tengáis mayor aliento para tener vuestra ánima con Dios por muy excelente amor.

§ 5.º Grandes actos y muy espesos son menester para esto, de los que se escriben en el segundo y sexto *notable;* y a los principios parecerá que no solamente no crecemos en devoción, sino que aun perdemos la que teníamos, y sentirá de esto gran desconsuelo el ánima flaca y nueva en obra tan alta; pero debe proseguir varonilmente este ejercicio, porque es muy alto; y no le espante la poquedad o mengua de devoción que dije que sentiría; porque sin duda aun en los principios que sintiere aquella tibieza merecerá mucho más que otros tiempos, cuando le parecía tener mayor sabor; porque este sabor solía nacer de amor propio, aunque no malo; el cual se debe dejar, porque en todo nos ocupemos en el amor de Dios, que es más alto. Y como nacía de nuestro amor, que era grande, era grande el sabor; pero desechando este nuestro y tomando solo el amor de Dios, del cual tenemos muy poquito, en los principios hallamos muy poco sabor o devoción, por la poquedad del amor; pero cuando fuéremos creciendo en este alto amor, crecerá el sabor y devoción.

Buen ejemplo parece para esto uno que algunas veces experimentamos, y es que acaece estar dos leños juntos ardiendo, de los cuales el uno está muy seco y encendido y el otro no tanto; pero el grande encendimiento del uno hace al otro, que está verde y no tan encendido, parecer que arde mucho; pero si los apartan uno del otro, queda el no tan encendido casi sin llama o ardor; y si quiere que del todo no se muera, cumple ayudarle, o soplándole y alentándole, o llegándole al otro leño encendido en cuya compañía ardía.

Bien así el amor que tenemos con Dios, como no esté muy encendido, pero juntado con el amor que a nosotros tenemos, parece arder y que obramos grandes cosas por él; pero si apartamos el nuestro, luego se ve la flaqueza que de ese amor de Dios tenemos, porque casi no luce nada, antes parece que quedamos resfriados.

Cumple, pues, esforzarle con muchos actos valientes, y aun socorrerle con la consideración de las cosas que nos suelen ser dulces según nuestro propio bien y amor, como consideración de gran bien y gloria y consolación que esperamos que nos vendrá; y que también escaparemos de grandes males, que naturalmente aborrecemos; y con tales soplos de nuestro amor, es de creer que tomará fuerzas y crecerá poco a poco la pequeña llama o encendimiento del amor de Dios, por la mayor fuerza con que nos allegáremos a él esforzados de nuestro propio amor, según es dicho.

Cumple, empero, esforzarnos mucho a haber grandes y esforzados actos en todo lo sobredicho, los cuales engendran en nosotros tan esforzado amor de solo Dios, cuanto solía ser el que solíamos tener de nuestro amor, que era grande y fuerte y dulce, junto con el amor de Dios, que era muy poquito; lo cual debemos procurar hasta que ya sintamos tanto sabor en pedir ser libres de nuestras angustias por solo mejor servir a Dios, según es dicho, como solíamos pedir traídos de la gana de ser libres del trabajo que nos fatigaba; lo cual quien lo hiciere así, podrá con razón pensar que tiene el verdadero y puro amor de Dios, que siempre debemos pedir. Grande vuelta es esta y mudanza de la diestra del muy alto. Bienaventurado quien la gustare en la tierra, porque comenzará a morar en los pastos que se alcanzan en la gloria eterna.

§ 6.º Cumple mucho para lo sobredicho que, cuando oráremos, estemos sobre aviso, hasta que estemos ya muy habituados a la tal manera de orar; y en cada demanda examinemos si nos mueve a demandar y desear lo que pedimos el amor de Dios o el amor que tenemos a aquel bien que demandamos; y en ninguna manera pasemos de una demanda hasta que hayamos inclinado la voluntad a quererla, porque Dios quiere que la queramos y es de ello servido; y si en esto somos negligentes, no hay esperanza de nuestro crecimiento en el buen hábito de orar.

Ejemplo: Pedís así: *Pater noster, qui es in cælis, sanctificetur nomen tuum*[1]. En esta primera demanda se pide que el nombre de Dios sea estimado y querido en nosotros sin mezcla de cosa terrenal que con él amemos. Esta demanda es tan alta, que quien la alcanzase para sí sería bienaventurado en la tierra; y quien esto siente y se quiere bien, cierto deseará para sí tanto bien, y lo demandará con grande afición y será buena demanda.

---

[1] *Mt.* VI, 9.

Pero no nos contentemos con esto; mas yendo adelante, inclinemos y forcemos la voluntad a otro más perfecto motivo, que es desear aquello porque Dios es dignísimo de ser estimado y querido. Él solo en nuestros corazones, sin mezcla de amor nuestro ni de otra cosa terrenal, y porque para esto nos crio Su Majestad. Y en ninguna manera pasemos a otra demanda hasta tener este motivo; y acuérdesenos que dijo el Hijo de Dios en el santo Evangelio; *Oportet semper orare*[2].

---

[2] *Lc.* XVIII, 1.

5.
DE ALGUNAS VIRTUDES
EN COMÚN

Este capítulo pone en común de las virtudes que aquí se han de escribir, y que no hay de adonde todas ellas se puedan haber sino del preciosísimo minero de la pasión.

ESTÁN GRANDES COSAS escritas de las excelencias y maneras de las virtudes, y en muchos libros, pero bienaventurado el que las leyere en el libro de la vida, que es Jesucristo, fuente de sabiduría en el cielo y en la tierra. Aprended de mí, dijo Su Majestad, como en buen libro; y sean pocas cosas, porque no se olvide, y aun porque serán tales que cuando las hubiereis deprendido os hallaréis llenos de verdadero saber. Aprended, pues, de mí, que soy manso y humilde de corazón.

¡Oh bienaventurada doctrina! ¡Oh muy luenga brevedad, humildad y paciencia, y que se han de aprender en la fuente de la sabiduría de Dios! No espere ninguno enriquecerse en virtudes si del Hijo de Dios humanado no las aprende, y en especial en su sagrada pasión. Este es un minero dado al mundo del clementísimo Padre, para que a manos llenas podamos coger y mirar y siempre oír el alteza de toda virtud. Grande es la presunción del que piense coger virtudes de otra parte, apartándose del minero tan abundante dado de Dios para esto.

Bienaventurado será quien por muy continuo pensamiento entrare muy en lo de dentro de este minero; porque encontrará con veneros tan divinos que le ensalcen a riquezas angélicas, porque en él están atesorados todos los tesoros de la divinidad.

Paréceme ahora, pues, que será bien decir algo de la manera cómo aprendamos estas dos virtudes, comenzando de la humildad, como de fundamento de todo bien.

6.
DE LA HUMILDAD

Pone por qué quiso Dios en nosotros tanta humildad y del arte y manera de fabricarla.

LA HUMILDAD SUBE TAN ALTO y desciende tan bajo, que están hechas en el mundo de los santos doctores grandes escaleras con muchos grados o escalones para venir a ella; y no espere ninguno subir a tan alto cielo, como es la humildad, sin escalera. Y pues, como dije, está el mundo tan bien proveído de escaleras, acuerdo pasarme adelante.

Me parece a mí que quien subiese por estos grados se hallaría luego en un conocimiento que le hiciese ver muy claro que de sí no tiene cosa alguna, sino nada, y que todo lo que es algo es de Dios. Y que, pues así es, quiere, por no cometer hurto o maldad, que todo pensamiento y todas fuerzas de hombres se levanten a magnificar de todas maneras [a] aquel cuyo es todo lo que algo es. Y quiere también, porque la humildad no demanda sino lo que le pertenece, que todo el mundo le trate y estime a él como a quien es; esto es, como a nada; porque el corazón de los hombres no se ocupe ni aun por breve espacio en estimar en algo lo que según verdad es nada, o vaso de maldad, que es peor que nada, como es cualquier pecador.

Y en tener muy asentado en el corazón con muchos actos de buena consideración esto que habemos dicho está la llave de la humildad; queriendo aun que los que piensen que lo sufrimos no por humildad, sino por más no poder, lo cual cumple ponderar mucho, porque no se debe tener por gran cosa querer ser tratados con menosprecio si pensamos que los que lo ven creen que por nuestra humildad lo sufrimos, sin quedar corridos o sentidos como injuriados.

Y esto quiere decir san Buenaventura cuando en el *Estímulo de amor*[1] dice que procure el que quiere placer a Dios ser tenido de los otros por vil y no humilde; esto es, que en tal manera queramos que nos tengan y traten como viles, que queramos también que piensen que es muy contra nuestra voluntad ser tratados así, y que crean que estamos muy corridos y sentidos de ser así estimados y tratados, como según verdad estemos de ello gozosos por el santo aborrecimiento que tenemos.

---

[1] Es autor de la obra Fr. JAIME DE MILÁN. Véase ed. crítica de esta en *Bibliotheca Franciscana Ascetica Medii Aevi*, t. 4 (Quaracchi, 1905). (Nota tomada de la edic. de la B.A.C.)

Es, empero, de notar que si alguna persona fuese de tan alta virtud que ya sin hacerse fuerza pudiere creer que le tuviesen por vil y no humilde, según está declarado, este tal podría, por edificación de los prójimos, querer que pensasen que recibía las tales injurias con gozo y no contra su voluntad, mas por amor de Dios y de la humildad; y esta sería humildad heroica; y esta dice el Hijo de Dios que aprendamos de Él, cuando dice: *Aprended de mí,* etc.[2].

Aunque, allende de estos, quedan otros secretos muy altos en la humildad de nuestro Redentor, los cuales no se ponen aquí porque son inefables y porque son más para admiración que para imitación; porque su humildad fue tanta, junta con la paciencia, que en algunas cosas no la podríamos remedar sin nueva maravilla, así como fue cosa maravillosa el gozo y dolor que juntamente tuvo en su pasión.

§ 2.º Pero, pues habemos de aprender esta humildad de nuestro Redentor, me parece que será menester poner delante nuestros ojos la su humildad, como suelen los que aprenden tener delante sí la materia que le es dada por que obren a ejemplo de ella.

Esta humildad del Hijo de Dios es inexplicable, pero según nuestra rudeza conoceremos algo considerando que, siendo Dios infinito y hombre perfectísimo, quiso y escogió con gran gozo ser estimado

---

[2] *Mt.* XI, 29.

por muy poca cosa o nonada, y ser tratado como tal con mucha diversidad de vituperios y corrimientos e injurias, desde que nació hasta que sufrió también muerte muy desastrada; y esto todo no porque Él lo hubiese menester, pero porque nosotros, que tanta necesidad teníamos, aprendiésemos la manera de humillarnos, la cual consiste en lo sobredicho; de donde veréis cuán reprensible es el que no aprende para sí humildad tan grande, ejercitada de tan gran Señor en sí mismo; y no por sí, sino porque nosotros la aprendiésemos de Él.

Vista, pues, la excelente humildad de nuestro Rey, cumple que fabriquemos otra cada uno en sí mismo a semejanza de ella; no quiero decir a semejanza que denote igualdad, porque si todas las criaturas quisiesen y se gozasen de ser vilísimamente tratadas, por el humilde conocimiento de sí mismas, y toda esta humildad de todos se amontonase en una persona, no sería nada en comparación de la humildad de nuestro Redentor; porque de Su Majestad a todos nosotros hay infinita diferencia de muchas partes, y cada una de ellas diferencia en infinita manera la humildad de su grandeza de la humildad de todos los santos, amontonada en uno solo.

Pero digo que debemos fabricar nuestra humildad a semejanza de la humildad de nuestro Redentor; porque nuestra vileza y poquedad debe querer y desear con gran gozo (otra vez digo con gran gozo porque aquí va el todo) querer ser estimados en nada a los ojos de todos y nuestros, y querer ser tratados como tales, porque ni somos ni merecemos más de nuestro, y pues que el Hijo de Dios nuestro Señor, sin merecerlo, consintió y quiso ser estimado por tal, siendo bien infinito, y tratado como tal por nuestro ejemplo.

§ 3.º Podría ser que alguno se maravillase de querer Dios en nosotros tanto menosprecio y humildad, y tan a costa suya, que nos lo enseñó por ejemplo. Y notaremos que lo quiso así porque nos pertenece según verdad, porque ningún bien tenemos ni merecemos de nuestro, aunque de la mano real de Dios tengamos mucho bien; de lo cual a Él solo se debe la honra y estima y a nosotros no, salvo cuanto a Él se refiere; y aun no solamente nos pertenece, pero aun nos es la vida; porque la santa humildad, con menosprecio tenido de voluntad, es perfecta cura de la enfermedad mortal humana, nacida de soberbia, y nunca ninguno perfectamente será curado sin aquella perfecta humildad; y tanto cuanto nos faltare de cura perfecta, tanto nos faltará del alimpiamiento del ánima; y tanto cuanto nos faltare de limpieza del ánima, tanto nos faltará de las mercedes y gracias de Dios, y tanto menos suyos seremos.

§ 4.º Si alguno preguntase que cómo podría holgarse que le tratasen vituperiosamente, como sea tan dificultoso quererlo, se puede responder que con grande consideración de la humildad ya dicha del Hijo de Dios y del provecho que de ello nos viene; y sobre todo porque así nos habilitamos para que Dios se sirva y goce de nosotros. Y ningún discreto debe desechar cosa en que se cumple la voluntad del muy Alto, con gloria y provecho inestimable y perpetuo para sí mismo por trabajo de breve espacio.

Pero respondiendo por arte a la sobredicha pregunta, notaremos que es menester, para fabricar esta humildad, lo dicho en el sexto *notable,* inclinando la voluntad muchas veces (otra vez digo que muchas veces y cada día muy muchas veces) a querer y desear con gozo este menosprecio tan precioso.

¡Oh cuán justamente debe ser humilde, humillado y menospreciado el que tantas veces fue traidor al Señor eterno, dando por el pecado su ánima al demonio y quitándola a quien por ella quiso morir por sola bondad; esto es, al mismo eterno Dios!

Cierto, si esto considerásemos, con gran dolor recibiríamos la honra cuando alguna vez se nos ofreciese; pues vemos muy claro que nos dan lo que desmerecemos y lo que por ventura nos será impedimento para los bienes muy altos que del precioso menosprecio vinieron al Rey del cielo, y vendrán sin duda a quien por este camino le quisiere acompañar.

Podría, empero, alguno en algunos casos querer ser honrado o estimado sin agravio de todo lo dicho de la humildad; lo cual será teniendo respecto a algún servicio de Dios que se crea o vea que redundaría de la tal honra; pero esto aun se debería querer con temor y con algún dolor y con mucho tiento.

7.

DE LA VANAGLORIA

Habla incidentalmente de la vanagloria, contraria a la humildad; en que se ponen muy buenos puntos y una larga y hermosa consideración destruidora de toda vanidad.

VISTO LO DE LA HUMILDAD, pareció que sería bien decir algo de una mala yerba que en el mundo está muy enjambrada, que a todas las virtudes derroca, y a la humildad en especial no deja crecer; y esta se llama vanagloria, madre de todo mal, inficionadora de todo bien.

Poca o ninguna vanagloria se le ofrecería a quien aborreciese o negase a sí mismo, como en el santo Evangelio y arriba es declarado; porque no es otra cosa la vanagloria sino un placer o gozo que alguno toma de lo que no debe uno gozarse [acerca] de los bienes que tiene, por o en la manera que no debe.

Bien puede uno gozarse de los bienes que tiene por la merced de Dios, en cuanto de allí se conoce o espera algún servicio de Dios y provecho del ánima (que todo es uno, bien entendido); pero de otra manera es gozo vano y vanagloria, porque tomamos para nosotros la gloria que solo a Dios se debe, o porque nos gloriamos en nosotros mismos de lo que nos deberíamos de gloriar en Dios. Esta gloria, pues, no tomaría quien se aborreciese, como ya se dijo.

§ 2.º Siempre debe tener quienquiera por sospechoso, vano y no espiritual el gozo que tiene de las mercedes que Dios le hace cuando no se goza en la misma manera en la consideración de los bienes ajenos, porque, aunque debemos primero escoger la virtud para nosotros que para los otros, y gozarnos, porque, dado que no la habíamos de tener nosotros y los otros, acertamos nosotros a tenerla; pero cuando nosotros y los otros todos tenemos el bien, así nos debemos gozar del bien de los otros como del nuestro; porque lo uno y lo otro es dado de la magnífica mano de Dios, y de lo uno y de lo otro se goza igualmente Su Majestad, y no debe ser otro nuestro gozo sino en Dios y en el cumplimiento de su voluntad. Así se gozaba el espíritu de la Virgen, nuestra Señora, en Dios, su salud y nuestra.

§ 3.º En nuestra voluntad puso Dios nuestro Señor un poder con que se gozase de todo bien que tuviese, tanto cuanto conociese que era de Dios el tal bien y para servicio de ese Dios; y saliendo de este concierto dado de Dios, luego es alegría vana, quiere decir, alegría que sale del concierto que Dios quiere que tenga, la alegría con que nos gloriamos de las mercedes que de Él recibimos; y esto se llama vanagloria. Y mucho peor vanagloria es la que recibe alguno del bien que no tiene, y mucho peor si la recibe del mal que ha hecho.

§ 4.º Es tan sutil la vanagloria, que alguna vez pensará el que aun es flaco en la virtud que se goza en Dios del bien que tiene, y será muy mezclado de vanagloria; y por esto, hasta que uno tuviese muy claro conocimiento de las virtudes, siempre debería huir de toda manera de gozo o de placer, cuando piensa en las mercedes que de Dios recibe, o bienes que hace, o cosas que de sí oye. Antes debería acostumbrarse a tener en los tales tiempos un temor, con que con algún dolor recelase la vanagloria, que allí suele nacer muy escondida.

§ 5.º Dejando ahora, pues, aquella vanagloria que dije que era peor o más mala, como mal tan grueso que no es mal de hombres espirituales, sino de hombres perdidos y no deseosos del bien verdadero, a quien no se endereza lo que aquí se escribe, y viniendo a la otra vanagloria, que nace del bien que alguno tiene, o hace, u oye de sí mismo, me pareció que lo que más ligeramente podría quitar de nosotros tanto mal será la consideración de la gran vanidad y falsedad que en ella hay, porque ningún virtuoso hay que no aborrezca lo vano y lo falso.

Y nota de que tanto podría uno considerarlo que para esto luego aquí abajo se escribe, que de la mucha costumbre de considerarlo conciba un aborrecimiento tan grande del mal de esa vanagloria, que ya casi nunca se le ofrezca.

CONSIDERACIÓN

Gran fealdad sería que un caballero estimase mucho haberse puesto a una pequeña afrenta por amor o servicio de un rey, que primero se hubiese puesto por ese mismo caballero a grandes afrentas y heridas por grande amor que le tenía. Y si aquel caballero no solamente lo tuviese en mucho aquello poco que hacía por aquel rey a quien tanto debía, sino aun se gloriase a otros de ello, sería liviandad tan para burlar, que no es cosa de poner en plática; pero aun muy más abominable vanidad sería si aquel rey hubiese sufrido todo aquel trabajo sin ninguna ayuda de aquel caballero, y ese caballero hubiese sufrido lo poco que sufrió con gran socorro y favor del rey y con grandes mercedes prometidas antes del trabajo y recibidas después de la pequeña afrenta pasada. En esta muy abominable vanidad y muy peor sin comparación cae el vanaglorioso.

EXPLICACIÓN DE LA SOBREDICHA CONSIDERACIÓN

Nuestro muy alto Dios, Rey de majestad incomprensible, y poder y honra infinitas por sola su bondad, sin otra obligación, viendo nuestra gran necesidad, se puso por nuestro remedio a sufrir muerte muy áspera y deshonrada; a lo cual no solo no le ayudamos, pero ni aun se lo agradecemos; y todos los que con Él se hallaron le desampararon, y más le desamparamos nosotros con nuestra menos virtud, siendo su divinidad ahora más conocida.

Pues, como así sea verdad, conozcamos cuán vana cosa es gloriarse alguno del servicio que a Dios hace, dejando por aquel espacio de gloriarse en solo Dios; y cuán más vana cosa es querer ser estimado en algo de los otros por ello, como cuanto su corazón de ellos se ocupare en estimar a nosotros en algo tanto deja de ocuparse en estimar y alabar a Dios, de quien es todo bien. Y no place a Dios que el corazón que no se ocupa en estimar y alabar al muy Alto, a quien se debe todo loor, se ocupe en estimar a mí, a quien no se me debe. Y consentidor en el crimen se debe llamar quien piensa que los otros desocupan sus corazones de magnificar a Dios por todos los bienes, y se ocupan en alabar o estimar a él, siendo tan vil, y no le pesa y lastima su desconcierto.

Y aun lo que encarece nuestra vanidad es que cuanto bien hay en todo lo que hacemos y sufrimos, todo es de la merced y mano real de ese muy Alto, con cuya cumplida ayuda obramos.

Y si alguno dijere que el aceptar y consentir y no desechar las mercedes y gracias de Dios es a cada uno glorioso y meritorio, que parece que de aquí podamos querer gloria, a diferencia de los condenados, a quien se debe pena por no aceptar, se le puede responder que nunca vimos en este mundo

hombre que se vanagloriase de solo haber aceptado
las mercedes que le eran hechas de algún rey; antes
se tuviera por locura no aceptarlas, y tal es la mala
locura de los condenados; y locura es gloriarse de
no haber querido ser loco, porque así quienquiera
andaría muy presuntuoso; y si, preguntada la causa,
respondiese que porque pudiendo ser loco y echarse
en un pozo no lo había querido hacer, cierto no
escaparía este tal de loco en el pensamiento de
todos; y cuánto más aún que ese aceptar y no desechar las mercedes de Dios, aun principalmente se
hace con su ayuda: *Quid habes, quod non accepisti?,*
dice san Pablo; *si autem accepisti, quid gloriaris?*[3].
Pues quien esto considerando se vanagloriare, tenga
por muy firme ser muy loco, vano y desamparado
de todo bien, y extiéndase y gloríese a su placer en
tanta locura.

---

[3] *I Cor.* IV, 7.

8.
DE LA PACIENCIA

De la paciencia, y para el arte y manera de fabricarla o guardarla, menciona un ejemplo que para esto está en el *notable* séptimo; y pone aquí otro ejemplo, en que se muestra y declara cuánta diversidad de riquezas podemos sacar de cualquier ocasión que se nos ofrece de impaciencia.

La otra virtud que nuestro soberano Maestro quiere que aprendamos de Él es la paciencia, la cual es tan hermana de la humildad, que casi de continuo están juntas, y casi por los caminos que se halla la una se halla la otra. Porque como arriba se dijo que era menester para alcanzar la humildad poner delante nuestros ojos la humildad del Hijo de Dios y formar otra a su semejanza, lo mismo se debe hacer para la paciencia.

¿Quién se quejará siendo injuriado y lastimado, mereciéndolo como todos lo merecemos, si considera con cuánta mansedumbre sufrió tantos corrimientos, persecuciones y amarguras y tormentos, con muerte tan dolorosa, el que, allende de ser Dios verdadero y Señor de todos, fue más sensible y más delicado que cuantos nacieron?

¿Quién no sufrirá con mansedumbre las angustias y trabajos que se le ofrecen para el remedio de sus males propios, si considera que su Dios los sufrió tan mayores por los ajenos, esto es, por dar remedio a nuestros males? La manera para haber esta paciencia está a la letra arriba en el séptimo *notable*.

§ 2.º Pero, porque estamos aquí en el capítulo de ella será bien poner aquí más enteramente las grandes riquezas que habemos de sacar de cualquier ocasión que se nos ofreciere de impaciencia, para lo cual pongamos a manera de ejemplo una cosa enojosa que se nos puede ofrecer.

¿Sospecháis con alguna pequeña causa que uno dijo de vos un mal que por ventura nunca hicisteis? Tres golpes se arrojan contra vuestra alma con esta sospecha: uno de mal juzgar, otro de penosa impaciencia, otro de aborrecimiento contra el que sospecháis de haberlo dicho.

El siervo bien industriado en el arte de caballería del Rey del cielo debe de tal manera sacudir y defenderse de estos tres golpes tan peligrosos, que, no siendo llagado de alguno de ellos, de cada uno de ellos le quede singular hermosura en el ánima a gloria del gran Rey por cuyo servicio pelea, y será de esta manera:

Al primer golpe debe hurtar el cuerpo, inclinando la voluntad a no querer consentir en el tal juicio, considerando que nos está vedado del gran juez, a quien solo pertenece, y dice *Nolite indicare*[1]. Y debemos con gran gozo dejar y no querer usurparle su oficio.

El segundo golpe debe recoger con todas sus fuerzas, holgándose del dolor e injuria que de allí viene, pues que sus pecados no merecen sino dolor; y cuanto más se quisiere holgar de ello, tanto menos le combatirá el demonio con esa impaciencia, por no darle ocasión de tanto merecer. Y para hacer esto con el segundo golpe es menester acudir al capítulo del propio aborrecimiento, porque tome fuerzas con lo que allí se dice.

En el tercero golpe, que es aborrecimiento contra el que se sospecha, o por ventura se sabe ya de cierto, debemos acudir con inclinar la voluntad a producir especial acto de amor; puesto que tenemos libertad para querer y no querer todo lo que por bien tuviéremos, y dar a la obra el fin que quisiéremos, como se declaró en el sexto *notable.*

Y por la misma manera que habemos visto que debemos proveernos en los sobredichos tres golpes de aquella pequeña ocasión nacidos, debemos también mirar todos los golpes que se nos ofrecieren en nuestra vida en cualquiera cosa penosa o adversa, y proveer a cada uno según le pertenece, en manera que siempre la paciencia quede

---

[1] *Lc.* VI, 27.

en nuestra ánima sin daño. Y acordémonos, por conclusión, de lo que nuestro Redentor dice, que la paciencia es poseedora de nuestras ánimas.

Creed que, pues Dios determinó que la paciencia fuese la poseedora, que faltando ella queda el ánima como en punto de perdición; porque de parte de Dios no se le dará otro poseedor, si este deja perder, ni ella por sí misma le puede haber que sea bueno; y así queda muy en peligro de ser presa de quienquiera; y el león bramante nunca duerme, siempre cerca y a muchos traga, pero no a los poseedores y guardados de la paciencia.

Bienaventurados los mansos y pacíficos, dijo el dador de la bienaventuranza.

9.
DE LAS PASIONES DEL ALMA

En que se pone de las cuatro pasiones naturales, diciendo cuáles son, y cómo se deben guiar y tener en concierto o desecharlas. Y muéstralo en especial de cada una de ellas, dando la razón para ello.

§ 1.º Gozo, TRISTEZA, ESPERANZA y temor son unas pasiones naturales que todos tenemos; porque natural cosa es a cualquiera gozarse del bien presente, y entristecerse cuando se le ofrece mal, y esperar algún bien y temer el mal. Y lo que para servir a Dios cumple decir de estas pasiones es cómo se han de tener a raya o guiar con tiento, porque podrán hacer mucho daño dejándolas sueltas, porque son cosas que nunca dejan de correr por nuestra alma, cuándo una, cuándo otra; y se podría bien decir que todos los males nos vienen de darles suelta entera para correr; y en las personas espirituales harto daño, por ligero que anden.

Y notaremos que quien todas las cosas interiores y exteriores obrase por Dios, en la manera que se dice en el segundo *notable,* y quien tuviere el propio aborrecimiento de que arriba se dice en el capítulo segundo de esta segunda parte, ése tendría con harto concierto estas pasiones; y por eso abreviaremos aquí al presente, donde notaremos que entonces tendremos en concierto estas pasiones, cuando a ningún movimiento de ellas consentimos que se detenga en el ánima, salvo de aquello que sabemos que Dios quiere, y porque él sea de ello servido.

En todo lo demás deben ser despedidas del alma de quien por muy seguro camino quiere irse para Dios, como la Filosofía dijo a Boecio en las postreras palabras del primer libro de *Consolación*, cuando dijo: *...Si vis lumine claro cernere verum, gaudia pelle, timorem spemque fugato, nec dolor adsit...* Entiéndase que se desechen cuando no son de tal manera enderezadas que Dios se sirva de ellas.

Y notaremos, para que con mayor ligereza las podamos desechar, que cumple que aprendamos o reputemos por males verdaderos las cosas gozosas que de este mundo se nos ofrecieren; y esto por la razón que se dice abajo en el párrafo segundo; y, por consiguiente, que todas las cosas dolorosas reputemos como bienes verdaderos, pues que con ellas, como tribulaciones saludables, se curan las llagas de nuestras almas, y por lo que se dice en muchos lugares de este capítulo. Y cierto, el que esto entendiere e hiciere, cumplirá con mucha ligereza lo que dice aquí Boecio y lo que abajo se dirá en cada párrafo de este capítulo, y es mucho menester para ello el sexto *notable*.

§ 2.º Pero hablando en particular, aunque brevemente, de cada una de estas pasiones, notaremos, comenzando del gozo, que de ninguna cosa debemos gozarnos, salvo de Dios y de sus cosas, cuales son todas las que a Él nos enderezan.

La razón de esto es porque quien tiene en Dios y en las cosas suyas tanto bien de que gozarse, muy mal lo mira si se ocupa en gozarse de otra cosa, pues que tanto menos son nuestras fuerzas para gozarse y amar cuanto más repartidas están en más gozos y negocios. Y deberíamos de mirar que por bien que nos demos todos a Dios, nos bastamos para Él solo; ¿y cuán menos bastaremos repartidos?

Débese, pues, en todo caso hacer una de dos cosas: o despedir todo otro gozo luego en el primer instante que viniere, para lo cual cumple ver el sexto *notable* en el párrafo tercero, u ordenarle en Dios, si no es gozo vano, para lo cual cumple ver el segundo *notable*.

Y a los que así lo ordenaren, amonesta san Pablo gozarse, cuando dice: *Gaudete in Domino semper; iterum dico, gaudete*[2]. Pero cumple para venir en esto abrir los ojos, porque mil nadas gozosas se ofrecen cada día que cumple despedirse. No parece ser aquí necesario ejemplo, porque se da regla universal de todo gozo que no es en Dios o actualmente enderezado en Dios.

---

[2] *Phil.* IV, 4.

Pero ponderando más todo lo sobredicho, para que más palpablemente lo sintamos, notaremos que si se debe atribuir a poquedad que un gran rey poderoso en riquezas hiciese tan gran cuenta de un pequeño pedazuelo de plata que la ganancia de ello le hiciese muy gozoso, y el perderlo le lastimase y trajese muy congojado, muy mayor es nuestra poquedad si, teniendo siempre presentes los bienes infinitos que Dios tiene para sí mismo y aun para nosotros, nos gozamos de otras menudas nonadas que se ofrecen, cuales son todas las cosas del mundo, y en especial como digamos amarle más que a nosotros mismos; y por consiguiente debamos reputar toda su gloria por más que nuestra, allende que sabemos que la repartirá tan magníficamente con quien esto hiciere.

Por semejante manera se debe decir del que se duele de cuanto en el mundo se puede perder o acaecer, si no es pecado o causa de él, en manera que digamos que es gran poquedad dolerse de ello; pues que tiene tanto bien y gloria, como es dicho, de que siempre debe estar alegre; y aprovechará también esto postrero para lo que luego se sigue de la pasión que se llama dolor.

§ 3.º De la tristeza o dolor diremos, de la misma manera, que ningún dolor ni tristeza consintamos que se detenga en el ánima, salvo del pecado. *De nullo nisi de peccato doleas*, dice san Buenaventura. La razón es porque la tristeza es o debe ser por mal

presente o bien perdido; y como ningún mal verdadero o bien perdido pueda ser sino por el pecado, de
ninguna otra cosa nos debemos entristecer.

Y aun podemos decir, como se dijo hablando del
gozo, que quien tiene tanto mal como el pecado de
que haya dolor, cierto lo mira mal repartiendo sus
fuerzas con dolor o tristeza de otra cosa, pues que
no bastan todas sus fuerzas para dolerse cuanto debe
de ese pecado.

§ 4.º Pero aun para despedir muy altamente
todo dolor, debemos considerar y decir en cualquier trabajo que se nos ofreciere: ¿Para qué se
me da a mí de mí, más de lo que Dios, mi Señor,
quiere que se me dé; pues que yo no soy mío, sino
suyo, y el que tiene cargo de lo suyo sabe lo que
cumple que le venga? Quiere decir que en todo lo
penoso que nos acaeciere habemos de estar muy
contentos, tanto cuanto durare, como de cosa que
cumple a este hombre que es de Dios. Y no dolernos de ello más de lo que nos manda ese Dios, de
quien somos, que nos dolamos.

Y si preguntare alguno cuánto manda Dios
que nos dolamos, respondo que quiere tengamos
tanto dolor cuanto nos es forzado sentir, según la
fuerza del golpe; pero que nos gocemos de ese mismo
dolor, tanto cuanto durare, como de cosa que viene
de la mano de Dios; y que con ese gozo procuremos
también salir del dolor según el caso lo demandare,
y en la manera que sabemos o pensamos que Dios

quiere que lo procuremos, y porque Él lo quiere. Porque de una manera cumple salir del trabajo de la enfermedad, porque para ello debemos procurar medicinas; y de otra del trabajo del hambre, esto es, con vianda; y de otra del trabajo del frío, para lo cual se requiere vestidura; y de otra del trabajo del perseguidor, cuando por nuestras pocas fuerzas y virtud nos estorba de servir a Dios, para lo cual se requiere darse mucho a la virtud, para cobrar fuerzas con ella o huir del perseguidor, cuando más no bastare nuestra fuerza, con lo que más Dios alumbrare para ello.

Pero estos remedios y todos los que más fueren menester debemos procurarlos con muy gozosa templanza, y porque Dios quiere que los procuremos, para que, libres de los tales trabajos, le sirvamos con más reposo; aunque fuese menester que los tuviésemos, tanto cuanto no pudiésemos excusarlos, y que nos holgásemos con ellos, porque Él quiso que los tuviésemos por muchas razones, de ellas manifiestas, de ellas a nosotros secretas.

Por cierto no sé cómo Dios no se dé todo aun en esta vida a quien tan enteramente tomó por suyo; y pues es cierto que se le dará, bienaventurada será la vida de este tal; pues que, siendo Dios tan suyo, gozará siempre de su tanto bien y gloria como de riquezas propias.

¡Oh!, bienaventurado el pueblo que sabe esta jubilación, pues que cierto no hay palabras que puedan declarar el gozo que en su corazón siente aquel cuya alma dice, no de palabra, sino de verdadero corazón: ¡Oh, cuánto bien tengo, pues que Dios, que me es más yo que yo mismo, tiene tan infinito bien, el cual yo veo, aunque imperfectamente, pero siento y lo tengo por más mío que cuantos en otros tiempos tuve por mío!

Nunca plega a Dios que esto pensemos explicar con palabras; pero solamente para nuestro propósito se concluye que mucho nos debe mover este tan gran bien a no sentir en otra manera nuestros dolores, sino como se acaba de decir; pues que ninguna otra cosa debemos querer para nosotros mismos, sino lo que Su Majestad ordenare y en la manera que lo dispusiere, por la razón y manera arriba dicha. Y cumple mirar muy por menudo todas las palabras de esta adición, porque es muy grande y contiene gran perfección.

Debe, pues, el siervo de Dios estar apercibido para despedir muy presto con las sobredichas consideraciones mil penas o tristezas, que las miserias y sinsabores de este mundo le ofrecerán; y para esto son mucho menester los actos del sexto *notable,* en el párrafo tercero, acudiendo con un no quererlo, como allí dice, tantas cuantas veces se ofrece la tal tristeza o dolor; o, hablando con más propiedad, debe acudir con la voluntad a querer las cosas de donde nos nacen esos dolores o penas o sinsabores; porque, así queridas, se despide el dolor que primero nacía por aborrecerlas.

Y es muy justo que queramos las tales cosas, de donde nos nacen los tales sinsabores; pues que, allende que vienen de la mano de Dios, como dijo el santo Job[3], lo merecemos por nuestras culpas, y nacen de ello mil provechos.

En manera, pues, que se debe tomar por regla que el leal siervo y amigo de Dios debería en tanto grado despedir o enderezar a Dios el gozo y tristeza, según es dicho, porque ninguna otra cosa le ocupase sino Dios; que por desecharlo perfectamente debería acostumbrarse a recibir pena y producir acto de dolor cada vez que se le ofreciese algo gozoso, y por el contrario, gozarse cada vez que se le ofreciese algo penoso. Y cierto es bien justo que se duela cuando se le ofrece gozo, y que se goce cuando se le ofrece dolor, el que ofendiendo y despidiendo a Dios de su alma la dio al demonio. En este sentido se ha de entender el verso que dice: *Gaudium pro poena dolorque pro gaudio sint tibi semper.*

Aquel solo hará esto más cumplidamente que con más claridad conociere que todas las cosas son en sí y para nosotros una nonada, salvo cuanto en sí mismas o de nosotros están enderezadas en Dios; y aunque todos dicen que conocen esto, pero llámase bienaventurado en la tierra el que lo conociere y sintiere de verdad.

---

[3] *Iob.* I, 21; II, 10.

§ 5.º Cuanto a la pasión que se llama esperanza, habemos de mirar que no es una misma cosa con la virtud que es esperanza; porque la que es virtud no la tienen todos; pero la esperanza que es pasión todos la tienen, y es natural así a cristianos como no cristianos, en la manera que vemos ser natural a unos y a otros gozarse y haber miedo; y así vemos que espera hartas cosas el moro como el cristiano.

Y de esta esperanza que no es virtud, sino pasión común a todos, notemos que, aunque naturalmente tengamos aptitud para esperar muchas veces y muchas cosas, pero ninguna cosa que esperamos debe hincar en nuestro corazón, salvo Dios, y aquellas cosas que creemos que más nos llegarán a servirle; porque todo lo demás debemos reputar por nada, como se acaba de decir arriba. Y si vemos que la esperanza de algo hinca más en nuestro corazón que la bienaventuranza o virtudes que esperamos de Dios, cumple despedirlo, pues está manifiesto el desorden.

§ 6.º Del temor tengamos por semejante, que todo temor que no es de Dios se debe dejar. La razón sea lo que el salmista dice: *Dominus illuminatio mea et salus mea; quem timebo?*[4]. Y después el Hijo de Dios: *Nolite timere eos qui Occident corpus, timete autem eum qui potest corpus et animan perdere; hunc timete*[5]. Tened gran miedo de enojar y ofender a

---

[4] Ps. *XXVI*, 1.
[5] *Mt*. X, 28.

Dios, quiere decir, y ningún mayor enojo le podéis hacer que darle ocasión por vuestro pecado de echar vuestro cuerpo y ánima en el infierno. Y por esto dice: *Heu, vindicabor de inimicis meis*[6].

Este gran Dios es muy justo que sea temido, así de temor filial, porque más deberíamos querer tener quebrados los ojos que hacer algo que desagradase a tan gran Padre y Señor, como de otro cualquier temor, pues que Él solo puede dar muerte y vida para siempre. Todas las otras cosas no hay por qué temerlas, pues que, dado que nos vengan cuantos desastres pueden venir en este mundo, si no los tememos, no nos harán mal que mal se pueda decir, antes, si les mostramos buen rostro y lo recibimos de buena gana, porque Dios nuestro Señor quiere que los suframos en memoria de lo que Él trabajó por nuestro bien, acrecentarán en nosotros grandeza y gloria perpetua; pues apercibidos de tener en poco, o por joya preciosa, cualquier trabajo del mundo, si algún temor nos viniere, acudamos presto con la voluntad a despedirle, porque no ocupe el lugar donde el temor reverencial que a Dios debemos siempre estar. Y cumple también para esto acudir al sexto *notable*.

Cierto, quien estas pasiones así gobernare vivirá sin pasión y en abundancia de aquella paz que a los pacíficos hace llamar hijos de Dios.

---

[6] *Is.* I, 24.

TERCERA PARTE

Sigue la tercera parte principal del *Arte para servir a Dios*, en que se declara la manera que habemos de tener para amar a Dios nuestro Señor y a quien Él nos manda amar. *Y* tendrá tres capítulos: El primero, del amor de Dios. El segundo, del amor de nuestros prójimos. El tercero, del amor que cada uno debe tener consigo.

1.
DEL AMOR DE DIOS

De la caridad que se dice amor de Dios; y este capítulo contiene cosas muy notables, y así se hace de él más formado sumario que de otro, y contiene nueve párrafos, según que se sigue:

El 1.º, después que muestra que convenía hablar de este amor en fin de todo lo dicho arriba, declara en general cuán gran cosa sea amar a Dios.

En el § 2.º declara dos maneras de amar.

En el § 3.º declara qué cosa es el más excelente amor.

En el § 4.º pone un ejemplo que palpablemente declara, cuanto es posible, cuando sintamos tener este amor.

En el § 5.º muestra una dañosa tentación que se ofrece a muchos queriendo procurar este amor.

En el § 6.º se provee de remedio a la sobredicha tentación, y este párrafo es algo celestial.

En el § 7.º muestra cuán de continuo o cuántas veces debemos amar, donde se pone una muy provechosa consideración.

En el § 8.º declara en forma de arte cómo vendremos a este alto amor.

En el § 9.º pone de dónde viene que algunos, a su parecer, procuran ese amor por la sobredicha manera, y no la alcanzan.

§ 1.º Pues que está ya dicho cómo se reparará el alma estragada, justo es hablar del amor de Dios, que es un fuego que quiere Dios que siempre arda en su altar, que es nuestra ánima; para el cual amor se endereza el sobredicho reparo, como al principio se propuso. Y quien considerase de cuánta grandeza es este amor, vería que es poco cuanto está dicho para reparar y componer el ánima con que tan alta cosa se ha de obrar.

Es de tanta excelencia este amor de Dios, que todos los bienaventurados y todas las cosas criadas y que se pueden criar no pueden hacer otra obra más excelente, y por eso el mismo Hijo de Dios le llamó *Maximum et primum mandatum*[1]. Y si toda la virtud y fuerzas angélicas y humanas se amontonasen en un ángel o en un hombre, no bastarían las fuerzas de este para hacer otra obra más excelente que amar a Dios; y no solamente no se podría hacer otra obra mejor, pero ni aun todo lo criado y que se puede criar no basta para amar a este Dios en la perfección que la bondad y dignidad suya requiere.

¡Oh, si tan gloriosa cosa es decir esto, cuán más gloriosa cosa será sentirlo! ¡Oh, si tan glorioso es sentirlo, cuán más glorioso será obrarlo! Esta es la santa obra de que nuestro Padre san Francisco dice en la *Regla* que paren mientes los frailes, *quod super*

---

[1] *Mt.,* XXII, 38.

omnia desiderare debent habere Spiritum Domini et sanctam eius operationem[2].

Esta santa obra que Dios siempre obra con todas sus fuerzas infinitas es amarse tanto cuanto Su Majestad merece, que es infinitamente; porque infinitamente es amable por su infinita bondad y excelencia; y ninguna excelencia hay en el cielo ni en la tierra que no sea más suya que de quienquiera que la posee; y de todo tiene gloria infinita, y esta ama y en esta se goza y gloría; y esto quiere que amemos y que pensemos y nos gocemos, pues que ninguna cosa hay tan justa cuanto que todos amemos y bien queramos con todas nuestras fuerzas lo que nunca deberíamos dejar de amar, si las tuviésemos infinitas; y agradezcamos a Dios que suple con sus fuerzas, amándose lo que le es debido de cuantos somos. Y amándole siempre gocémonos; que es de tanta dignidad, que nunca, dejando de gozarnos de sus excelencias, no hacemos nada según lo que su bondad merece.

Es Dios de tanta grandeza y gloria, que ninguna necesidad tiene de nuestros servicios; y si estos demanda, es porque a nosotros cumple. Solamente quiere que le amemos y nos gocemos de sus bienes, porque esta es su santa obra; y quiere que hagan todos con sus fuerzas lo que Él hace con las suyas; y lo demás no lo ha menester, ni aun esto,

---

[2] Cap. 10.

sino porque es bueno y justo, y a nosotros glorioso; y por esto lo quiere tanto, que puso la vida, para que muriendo nos convidase a amarle.

Y si otras cosas hallamos en la Sagrada Escritura que nos demanda y quiere, es porque son ayuda para este amor, y porque no son otra cosa los vicios, los cuales son vedados, sino amor desordenado de cosas vanas, que ocupan el lugar diputado para el amor de solo Dios; ni son para otra cosa las virtudes, sino para disponer el alma para este amor; pero son tan necesarias para él, que sería gran presunción pensar de alcanzarle sin mucho ejercicio de las tales virtudes. Y todo lo sobredicho se declara más largamente abajo en el párrafo sexto.

§ 2.º Queriendo, pues, hablar de este santo y precioso amor, será bien al principio decir alguna diferencia de amadores, mostrando cuál será la más alta que debemos buscar con algún ejemplo declarador.

Entrando ahora, pues, en esta diferencia de amantes, notaremos que la experiencia de muchos, viniendo a mayor conocimiento de la verdad, ha dado testimonio que mucho tiempo han amado a Dios como a bienhechor dulce y sabroso y comunicable, y en cuyo servicio se deleitaban y que muchas veces le pedían mercedes con gran sabor de la contemplación de su magnificencia y con conocimiento de la preciosidad de las virtudes que pedían; y llegaban muchas veces a Él como a fuente donde tanto dulzor hallaban. Y pensaban no haber falta en este amor y haber muy alto merecimiento en cada cosa de las sobredichas, porque creían ser grandeza de amor la grandeza de suavidad y dulzor que en el apetito sensitivo tenían.

Y pluguiese a Dios que todos los que no le aman le amasen así; pero no plega a su grandeza que los que le aman se contenten con este amor; así que es bueno y tan bueno, que bastaría para que los principiantes se ejercitasen algunos días en él, porque de él con mucha ligereza podrían venir al más alto, que se dirá.

La prueba de la flaqueza del sobredicho amor es que el que así ama, luego que le falte aquel dulzor anda muy decaído en las obras de Dios y tan vencido de las flaquezas del alma casi como si no hubiera tenido nada de aquel amor; porque así procura placeres corporales, y bien comer y otras cosas vanas y apetitosas, amistades, y honras y favores, aunque no sean en grado de pecado mortal, como otro que aun no ha comenzado de gustar a Dios.

Y aun muchas veces, durante el tiempo en que es visitado de los dulzores, está preso de algunas aficiones vanas, y según verdad algunas veces bien sensuales, traído de la graciosidad o hermosura de algunas personas; y tiene apetito de ser visto y tenido por devoto; y pésale cuando siente que no le tienen por tal, y no huelga cuando ve que otros son tenidos por más devotos que él, con otras semejantes tachas, las cuales todas son de tanta miseria, que no se compadecen con el alto amor de que abajo luego se dirá, aunque sea sin dulzor.

Concluyamos, pues, que el tal amor es flaco, porque es amor del amado por provecho y dulzor propio; pero digamos las excelencias que tiene, aunque flaco. Y es que aprovecha mucho para dos cosas: la una es para que quien lo tiene, pueda ligeramente quitar de sí las tachas sobredichas y el amor de estas cosas vanas. La segunda es que tendrá mucha disposición para producir muchos actos del más alto amor, de quien se dirá en el párrafo siguiente, después que ya hubiese venido en conocimiento de él.

Hay otro amor más alto, al cual hubieran venido algunos si hubieran alcanzado el conocimiento de él; y cuando alguno más alcanzase de él, tanto será mayor la grandeza de su ánima. Este amor pertenece más que se escriba con palabras declaradoras de lo que nos cumple, para procurarle y tenerle, que con palabras dulces que nos traigan sabor de un rato.

No quiero decir que el amor de Dios se pueda explicar con las groseras palabras de que usamos; pero seamos ciertos que quien alcanzare el que con palabras se puede decir, será llevado de su dulce amado, al que no bastan fuerzas para declararle. Y decirse han algunas cosas de este amor, según en el sumario está acotado y se sigue.

§ 3.º Lo primero que de este amor cumple saber es qué cosa es; y a esto, según se recoge del santo Evangelio con los doctores santos, diremos que es una obra o acto que la voluntad hace o produce, amando y queriendo fuertemente, y a las veces con gran dulzor, que Dios sea quien es y tenga cuanta gloria, señorío y mando tiene sobre todos nosotros y sobre todas las cosas y para sí mismo; y que todo cuanto hay y puede haber le ame y sirva y dé siempre gloria por su sola bondad y dignidad infinita, y según que la excelencia de Su Majestad requiere de todas nuestras fuerzas.

Estas palabras contienen en sí profundas cosas, en que debe dar mil vueltas con el pensamiento cada día el que verdaderamente ama, pensando quién es Dios y holgándose de ello.

Item, pensando cuánta gloria y cuán universal señorío tiene sobre todos nosotros, y gozándonos de ello, como nos holgamos del señorío de nuestros amigos. Item, que todo cuanto hay le ame y sirva, deseándolo de mil maneras y procurándolo por otras cien mil. Item, revolviendo en el pensamiento mil maneras de gloria y grandeza y servicios que a Dios son debidos, para querérselos y deseárselos todos; y esto todo por ser Dios quien es y por su sola bondad, pues toda razón nos declara que debemos amar a este gran Señor por el más excelente fin que se pueda dar. Y como no hay otro fin más alto que ese mismo Dios, que es y se llama principio y fin, debérnosle amar; no principalmente por lo que de Él recibimos o esperamos, sino por sí mismo, que es infinitamente amable.

Quiere decir, y notémoslo en gran manera, que acostumbremos nuestra voluntad, en manera que lo sintamos, a que se mueva a amar y holgarse de la gloria y riqueza de su Dios, no porque reciba sabor de amarle, ni por las mercedes de Él recibidas, ni por las que espera; sino, casi olvidado de esto, que le ame como a dignísimo de tener todas las voluntades angélicas y humanas ocupadas en querer y holgarse que Su Majestad tenga todo el bien que tiene, aunque no nos hubiere de caber parte de ello. Y cierto será tanto mayor nuestra parte, cuanto más sin tener ojo a nuestro bien le amáremos.

Este santo amor tiene comienzo y aprovechamiento y perfección; y aunque al comienzo no dé grandes muestras que se sientan en el ánima, pero es muy precioso y darálas a cabo de pocos días que comience de aprovechar en crecimiento.

La prueba y muestras de este amor se ría cuando el que ama, así ama cuando Dios se muestra áspero como cuando se muestra dulce; así cuando Dios se muestra hacer mercedes como cuando con justicia castiga. No ama el que así ama porque Dios es dulce y sabroso, sino que ama el dulzor y sabor porque es cosa de Dios y le da aliento para más servir. No se espanta del castigo, sino recíbele con el amor que demanda la piadosa y real mano de quien le hace. No demanda ni suplica traído del deseo de suavidad de la merced que pide, sino porque su ánima, enriquecida de virtudes, crezca en fuerzas para que el Señor, que hace las mercedes, sea más servido.

No se enoja por verse alguna vez desamparado de consuelo, pero se duele si hay en él algo con que, habiendo ofendido los ojos de tan gran Majestad, sea por eso privado de él. No pide perdón por escapar de la pena o cobrar los bienes perdidos, sino porque su ánima, perdonada, sea graciosa y ame sirviendo con limpieza al gran Dios que la crio. No tiene este ninguna afición que le trabe del corazón, ni se le acuerda ni mira si piensan los hombres en él. No le da pena cuando siente ser tenido en poco; mas se entristece y huye de los favores, de miedo que no le sean estorbo para la humildad. Se goza del bien y honra de los otros, creyendo que a ellos, como a más fuertes, aun la honra les favorecerá en más servir a Dios, por el buen ejemplo que sin fingimiento de vanidad desea que reciban los otros.

Este tal todo lo tiene, y no tiene nada; a todos se humilla, y todos le sirven; todo sabor huye, y nunca siente sinsabor; en el gran Dios que ama, conoce cuanto debe hacer y decir y pensar, y por Él solo lo hace y dice y piensa. Bienaventurado el que así ama; porque este, viviendo, no es él quien vive, pero vive en él Cristo, haciéndole vivir vida divinal. Este, amándose, no ama a sí mismo, pero ama al muy Alto, por cuyo amor todo bien desea.

Pero porque los ejemplos suelen enseñar las cosas más claramente, será bien que pongamos aquí

uno en que veamos, cuanto posible es, cuándo amamos, según arriba se declaró.

§ 4.º Es un hijo, el cual tiene un padre muy
buen hombre, pero pobre de las cosas temporales
y necesitado de servicio, y de quien su hijo ningún
bien espera ni ha menester. Ama y sirve este hijo a
su padre tanto, que todo placer quiere más para su
padre que para sí mismo; y más se goza de haber
placer en su padre que en sí mismo, y todas las cosas
honrosas y gozosas que hace y se le ofrecen, tanto
huelga de su ofrecimiento cuanto piensa que hol-
gara de ello su padre.

Así, por el contrario, recibe más pena de los trabajos que le vienen por el desplacer que de ello habrá
su padre que por su propia pena; de manera que
cuando este buen hijo está doliente, más pena tiene
de la congoja y pesar que ve que su padre tiene de
verle con dolencia que con su mal propio; y cuando
le viene salud, huelga más del gozo que su padre
habrá que de su salud; y así en los casos honrosos
del mundo, como son los tales hechos de ciencia o
caballería, huelga hacerlo bien, más porque su padre
lo ve y se goza que por su propia honra. Y al revés,
si lo hiciese mal, recibiría más pena del desconsuelo
de su padre que de su disfavor propio. Toda esta
voluntad tiene este hijo con su padre, proveyéndole
también de cuanto ha menester; y sin otro respeto,
salvo por el grande amor que desde su niñez le tiene
como a padre.

Este ejemplo debería cada día revolver muchas veces en su alma, a lo menos por dos o tres meses, el que comienza de servir a Dios, porque en él, según nuestro propósito, no es declarada la manera de amor verdadero y amigable y no interesal que nosotros habemos de tener.

Nuestro eterno padre es Dios, y nosotros sus hijos por su magnífica merced; no tiene necesidad de nuestros bienes, y nosotros no podemos valernos sin los suyos; muy al revés del otro padre con su hijo, porque allí el padre era necesitado y el hijo el valedor, y tanto era más de agradecer su amor.

Alegrémonos nosotros, que es tanta la grandeza de nuestro eterno Padre, que no nos ha menester; y reconociendo la muy mayor obligación que le tenemos, sea nuestro amor como el de aquel buen hijo; y domemos tanto nuestra ánima, hasta que ningún gozo sintamos de cuanto bien hacemos y esperamos, salvo cuanto sabemos que Dios es de ello servido; y todo cuanto hiciéremos sea con alegría muy grande, porque creemos, y es verdad, que Su Majestad huelga de ello; y toda la pena que de la enfermedad del pecado sentimos sea por ser contra su voluntad.

Testificando el salmista que Dios huelga de nuestro servicio, dice: *Beneplacitum est Domino in populo suo; et exaltationes Dei in gutture eorum*[3]. Y

---

[3] *Ps.* CXLIX, 4, 6.

contra el pecado se dice en el Génesis: *Poenitet me fecisse hominem*⁴.

§ 5.º Es ahora de notar que si nuestro adversario suele combatir a los siervos de Dios en cualquier virtud que comienzan, mucho más los combatirá cuando los viere que buscan este alto amor de que está dicho. Y entre todos los combates que aquí suele traer, de uno muy secreto y harto dañoso han sido muchos guerreados, y de este quiero aquí decir, el cual es un resfriamiento o atibiamiento que algunos sienten cuando piensan u oyen o leen el punto esencial en que está este alto amor; esto es, querer el ser y gloria y todo bien de Dios por ese mismo Dios, y será bien ver dos cosas acerca de esto.

Lo primero, qué es lo que tan gran cosa puede resfriar, como ello sea un calor divinal. Lo segundo, cuál será el remedio para ello; y de este segundo se hablará en el párrafo siguiente.

Lo primero mostremos por una comparación, y es que, siendo convidados para ver una cosa muy preciosa, se nos representase de poco valor por la poquedad de nuestro conocimiento: cierto nos hallaríamos algo resfriados en el apetito que llevábamos de verla; aunque, según verdad, la cosa fuese de la preciosidad que nos fue dicha.

Esto mismo digo que acaece muchas veces a algunos en este amor de Dios, juntando su poco

---

⁴ *Gen.* VI, 7.

sentir con el combate del adversario (y en especial a los que no son prevenidos de la suavidad y dulzor que ese amor suele tener); los cuales oyendo que este amor está (como ya es dicho) en querer y sentir dentro de nosotros mismos un complacimiento de todo el bien y gloria de Dios, según está dicho en el principio del párrafo tercero de este capítulo, resfríanse, pareciéndoles no ser esta muy excelente obra; antes se les representa haber y poder haber otras de mayor excelencia, así corporales como espirituales, imaginando cosas que a ellos parecen ser de mayor estima; y pareciéndoles que tales pertenecía que hicieran los siervos de tan gran Dios, así como obras de gran valentía corporal, como derrocar una gran torre de un encuentro o despedazar diez hombres armados en blanco con un golpe de espada; o también grande muestra de ciencia, que a todos los infieles con toda la ciencia de este mundo hiciese no saber hablar; u otras cualesquier grandes obras de las que en el mundo ponen admiración, como gran contemplación, hacer milagros o profetizar, las cuales cosas parecen a los así combatidos o tentados que son de mayor excelencia que levantar el ánima a querer el bien y gloria que Dios tiene. Y por consiguiente se resfrían en enderezar todo cuanto en su vida han de hacer en solamente alcanzar este amor, que en sus ojos no parece muy gran cosa, aunque por decirlo la Santa Escritura crean ser tal, y casi que se maravillan de

Dios querer más este amor que cuantas cosas se hacen y pueden hacer.

Y es de notar que así como el apetito de las viandas dañosas y el aborrecimiento de las buenas comúnmente viene al enfermo de una misma raíz, esto es, del paladar estragado, así la estima grande de aquellas obras de valentía corporal y ciencia, etc., y la pequeña reputación que sienten de la obra que es amar a Dios, viene asimismo de estar el paladar del ánima estragado (como se dijo en el *notable* cuarto de la primera parte), juntado, como dije, el combate del adversario; pero no por eso es menos preciosa la buena vianda que la mala, ni el amor de Dios que todas las otras obras, sino mucho más. Empero, el tal resfriamiento es a los flacos harto dañoso, porque ni el conocimiento de la grandeza de la obra los convida, porque no lo tienen, ni el favor les da esfuerzo; y de uno y de otro les viene gran desmayo en obrar; y por esto es bien necesario proveer a tanto inconveniente.

§ 6.º Visto ya, pues, de dónde viene aquel atibiamiento, conviene, cuanto a lo segundo, proveer del remedio para ello; y el primero y más común remedio que para ello se ofrece es procurar de sanar el apetito estragado, como se dice en el sobredicho cuarto *notable;* y luego verán los que el tal atibiamiento sintieren que aquellas obras arriba puestas, que les parecían grandes, son muy pequeñas en comparación del amor.

Esto nos muestra san Pablo, el cual teniendo el paladar sano, escribiendo a los de Corinto, juzga y dice ser nada sin este amar otras mayores o tan grandes obras, cuando dijo: *Si linguis hominum loquar et angelorum*[5]. Y si diere cuanto tengo a pobres, y si consiento sacrificar mi cuerpo hasta que le quemen, todo es nada sin amor; ni aun debe ser estimado por grande hombradía. Y después de todo, hablando de las virtudes excelentes dijo llevar a todas la ventaja el amor. Y lo mismo dijo el Hijo de Dios, Señor nuestro, como está escrito en el principio de este capítulo.

Claro, pues, se muestra ser el amor la más excelente de las obras, pues que sin él todas ellas son nada; y cierto, sin más prueba, nos debería bastar que la sabiduría eterna de Dios, que no puede errar, esto quiere y escoge y nos manda hacer sobre todo cuanto se puede hacer, así en el cielo como en la tierra. Pero proveyendo de más particular remedio, el cual nos haga sentir algo de la grandeza inestimable y no explicable de esta obra que es amar a Dios, paréceme que será bien declarado como se sigue.

Manifiesta verdad es que la más noble potencia que Dios puso en nuestro cuerpo y alma para obrar es la voluntad, y, por consiguiente, que la más noble y preciosa obra que se puede hacer es la suya; esto es, querer o amar lo ya conocido por bueno.

---

[5] *I Cor.* XIII, 1.

Pero será bien mirar que nosotros y nuestra voluntad somos poca cosa, y si queremos ennoblecer esta voluntad para que su querer sea de mucho precio, no hay otro remedio sino unirla y juntarla muy fuertemente con otra voluntad que sea de infinita excelencia, y que la juntemos de tal manera que ninguna otra cosa quiera, sino lo que aquella voluntad infinita quisiere, y entonces el querer de nuestra flaca voluntad será de infinito valor y grandeza, pues que, no curando de su propio querer, tiene el querer de la voluntad infinita, la cual es la voluntad de Dios, el cual siempre quiere y ama y se goza del bien infinito que tiene; y quiere asimismo por muchas razones que nosotros queramos esto que Él tanto quiere.

Lo primero por su sola bondad, con la cual quiso que nuestra voluntad, de tan poco valor, alcanzase tan alta nobleza que tuviese querer de infinito valor, según es dicho; y lo segundo porque, pues nos crio para tanto bien, es justo que le sirvamos en algo.

¿Pero qué será aquello en que le podemos servir, pues que Su Majestad no ha menester ningún servicio, ni aun el mayor que se pueda imaginar ni pensar? Respondo que porque no estemos ociosos, y pues Dios no ha menester ni puede tener más bien del que tiene, que es justo que como buenos serviciales que se alegran del bien de su Señor, nos ocupemos toda nuestra vida en gozarnos del bien y gloria que él tiene. Y cierto, quienquiera verá ser muy justo y de mucha grandeza que el cielo y la tierra, dejando toda otra cosa que se pueda hacer, se ocupen siempre en gozarse del bien y gloria de que Dios está infinitamente lleno.

Es aún lo tercero porque Dios quiso la unión y juntura de nuestra voluntad en querer lo que Él siempre más quiere, porque era muy justo que desde la tierra comenzásemos ya de querer aquella voluntad infinita, y de cuyo cumplimiento nos ha de venir la bienaventuranza que en el cielo para siempre esperamos; la cual ya comienza de tener en la tierra quien el tal amor tiene; pues que, como los teólogos dicen: *Gloria est gratia consummata*; quiere decir, que la gloria es tener esta caridad en perfección; en manera que acá se comienza y en el cielo se perfecciona.

Y será bien platicar esto, declarando cómo en este amor perfeccionado está la gloria del cielo, y aprovechará para nuestro principal intento, que es mostrar la excelencia de esta obra de amor en que estamos. Para lo cual notaremos, y cumple leerlo con atención, que todo gozo nos viene del cumplimiento de nuestra voluntad; y tanto más cuanto nuestra voluntad quiere y desea; y más cuanto perfectamente se cumple lo que desea, tanto mayor es el gozo.

Junto con esto notaremos que la bienaventuranza, la cual es gozo perfecto, nace en el cielo de la vista de Dios, el cual en el punto que es visto

pone en todos los que le ven un grandísimo conocimiento de ser dignísimo de bien y gloria infinita;
porque luego viéndole son todos sabios y discre-
tos para ver lo que a cada uno pertenece; y junto
con este conocimiento tienen un amor del mismo
Dios sobre todas las cosas, con un deseo no explicable; que tenga todo aquel bien y gloria de que
es digno, y a este deseo y voluntad tan grande que
cada uno tendrá, sucede siempre vista clara, conque ven y conocen que aquel su deseo se cumple en
muy más alta manera que ellos bastan a compren-
der; porque ven y conocen aquel Dios que tanto
aman estar adornado de tanto bien y gloria, que
por ser infinita ni ellos lo pueden del todo conocer,
ni en él puede haber falta ni crecimiento de gloria.

Y como tanto mayor es el gozo de cada uno,
según se dijo, cuanto más crecido es el deseo y
cuanto más perfectamente es cumplido, se muestra
aquí la grandeza de la gloria de cada bienaventurado; pues que así altamente se les cumple el más
alto deseo que puede ser; esto es, deseo del bien
infinito de Dios, de lo cual sin comparación tienen
mayor amor y deseo que de la propia gloria que
ellos reciben.

¡Oh bienaventurado quien el ser y gloria de
Dios amare y contemplare en la tierra con gran
voluntad, pues ha de venir a ver su deseo tan cumplido en el cielo! ¡Oh, quién podrá pensar cuánta
parte dará este Señor de su gloria en el cielo, sin

agravio de sí mismo, a quien ninguna cosa quisiere morando en la tierra, sino la gloria y grandeza que Su Majestad posee!

Todo lo sobredicho declara lo que san Pablo dice: *que ni ojo vio, ni oreja oyó, ni corazón puede pensar la gloria que Dios tiene para los que aman*[6]. Y esto dice porque no hay quien pueda alcanzar en cuán gran manera todos los que aquí amaron a Dios desean y quieren en el cielo el bien que Dios tiene, y cuán altamente se les cumple este deseo, y cuánta es la gloria y gozo de uno y otro.

Queda, pues, manifiesto de cuánta excelencia es la obra del amor de Dios, aunque no hay lengua ni péndola que pueda explicar tanto cuanto ello es. Y queda proveído de remedio el atibiamiento que a los nuevos podría ofrecerse; pues que cierto no atibiamiento, sino encendimiento de amor divinal debería venir en nuestro corazón, no solamente todas las veces que en el santo amor de Dios pensásemos o le oyésemos nombrar, sino todas las veces que hiciésemos o pensásemos algo que para disponernos a él nos pudiere ayudar, como es todo lo que se escribe para nuestra doctrina.

§ 7.º Visto ya cuál sea el excelente amor para que nacimos, será bien platicar qué tanto o qué tantas veces nos debemos ocupar en este amor. Y aunque la respuesta con brevedad es que siempre,

---

[6] *I Cor.* II, 9.

innumerables veces en la hora si pudiésemos; pero para que mejor sintamos cuán continuamente deberíamos amar, será bien considerar que si se debería dar por bien empleado que un hombre recibiese un breve trabajo de una hora o diese una pequeña moneda de plata por redimir mil cautivos de tierra de moros, sin comparación se debería de dar por mejor empleado que ese u otro cualquier hombre recibiese la muerte y aun mil muertes porque otro amase a Dios por pequeñuelo espacio, si sin las tales muertes hubiese de cesar aquel amor en aquel breve espacio; y esto es en tanta manera verdad, que no solamente ha lugar cuando aquel que así amase en aquel breve espacio alcanzase la gloria por aquel breve amor, pero aunque fuésemos ciertos que por otros muchos servicios se había de salvar sin que amase por aquel breve espacio. Esto se prueba porque muy mayor es el bien que hay en aquel breve amor que todo el mal que puede haber en el dolor que otro sufría muriendo mil veces.

Y sin comparación aún será mayor el bien si consideramos que a aquel breve amor se debe acrecentamiento de gracia, y, por consiguiente, aumento perpetuo de amor con gloria en el cielo, lo cual cuánto bien sea conocerlo a quien siente cuánta grandeza hay en amar a Dios.

Esto visto, queda más claro que siempre o innumerables veces debemos nosotros hacer esta tan alta y dignísima obra, porque haciendo acá en la tierra lo que debemos y razón nos obliga, crezcamos en fuerzas para el cielo, donde tanto más altamente aman los gloriosos cuanto más amaron estando acá en la tierra. Y si innumerables veces debemos amar este gran Dios, por ser tan inestimable cada acto de amor, demos ahora la vuelta, considerando nuestra negligencia, y maldad, y miremos cuán amargamente deberíamos llorar cada momento de nuestra vida que se ha gastado sin este amor.

Item, cuán más amargamente deberíamos llorar cualquier cosa que de este amor nos ha apartado, como es el pecado; el cual siendo mortal, es capital enemigo y contrario de este amor; siendo venial, es resfriador y retardador de tan alto bien.

Item, miremos cuán reprensible cosa es no gozarnos fuertemente de cualquier cosa que a este bien nos puede ayudar, como son injurias, disfavores y cualesquier persecuciones; y, por consiguiente, no dolemos cada vez que algún estorbo se nos ofrece, como son favores y cualesquier placeres de acá.

Cierto es tanto reprensible no gozarnos y dolemos de lo ya dicho, cuanto sería cosa más áspera sufrir las mil muertes (ya dichas) que las injurias y persecuciones que la malicia humana suele acarrear, o que el sinsabor que podríamos sentir huyendo todo favor y cosas que nos pudiesen deleitar.

Debemos también notar, para que en tan alto camino no nos estorbe nuestro falso amor, que si alguna vez por gran flaqueza corporal, o por no haber alcanzado tanta virtud en el alma cuanta se requiere para sufrir adversidades, fuere menester huir las persecuciones y la compañía de los que nos maltratan, o procurar y recibir algunas cosas delicadas y sabrosas, que lo debemos hacer con actual intención de evitar mayores males y con gran dolor actualmente entonces recibido; porque, huyendo las adversidades, huimos de lo que nos podría disponer a tan alto bien como el amor de Dios; y porque tomando aquellas cosas sabrosas, dejamos la aspereza a que somos obligados según la maldad de nuestras diligencias.

Y deberíamos también hacerlo con humilde oración, con que suplicásemos a nuestro Señor que esforzase la virtud de nuestro cuerpo y alma; para que teniendo fuerzas con que resistir a la flaqueza con que por nuestra poca virtud nos es menester huir las tales persecuciones, o recibir las tales cosas sabrosas, según es dicho, nos dispusiésemos sin ningún estorbo para su alto amor. Y para más claramente conocer cuán reprensibles son las negligencias con que faltamos en este precioso amor, aprovechará mucho ver y notar el capítulo segundo de la segunda parte, que habla largamente del propio aborrecimiento, el cual es fundamento y soberana disposición para el amor de Dios.

¡Oh, por Dios, y otra vez por amor de Dios!, pensemos y ponderemos esto; y porque en la tierra no habrá pesas ni balanzas en que se puede contino pesar, pidamos a Dios que nos provea del cielo, y plega a Su Majestad que nunca nuestra vida canse de ponderarlo.

De todo esto notaremos cuán gran desvarío es no procurar muy alta gloria para el cielo, pues que la alteza de la gloria se debe a grandeza de amor. Y aunque no tuviéremos cuidado de la grandeza de la gloria que a nosotros nos cabe, tenemos, empero, grande obligación de procurar de alcanzar la grandeza del amor con que, siendo muy gloriosos, amaríamos siempre a quien es dignísimo de ser muy altamente de todos amado.

Y para saber cómo amaríamos muchas veces, en especial cuando nos faltase el hervor sabroso que suele de suyo mover a amar, se provee enteramente en el sexto *notable*, donde habla del poder que tenemos para querer, cuantas veces por bien tuviéremos, lo que quisiéremos querer.

De todo lo dicho note el discreto cuán gran cosa perdemos, y cuán irrecuperable, cada momento de los que podríamos amar a Dios y lo dejamos. ¡Oh! Si dolorosa cosa es perder por negligencia grandes dignidades y tesoros de la tierra, cuán más triste, porque mayor pérdida es dejar de amar a Dios por un solo momento, aunque no concurra pecado. Miremos que el grande oficial nunca gana sino el rato que trabaja en su oficio, ni el siervo de Dios crece en riquezas de amor sino cuando en especial produce particular acto de ese amor.

§ 8.º Vistas ya las cosas que están dichas de este amor tan alto, quien quiera con razón desear saber qué manera tendremos, o qué haremos de nuestra parte para alcanzarle, y antes que esto se diga y declare, notaremos que muchos han errado, porque pensaron atajar, metiéndose luego a los principios muy en lleno en el amor de Dios sin aparejo suficiente; porque mirándole y barruntándole algo de su grandeza, les pareció vergel de tanta suavidad, que no considerando ni andando el camino que el santo Evangelio pone para el tal amor, de que por este tratado está dicho, quisieron saltar y no entrar por la puerta, y cuando no se cataron, se hallaron sin término y sin camino.

Poderoso es Dios para poner a quien quisiere en muy alto lugar con solo un salto; pero tema el que salta, y mire que alguna vez pensará que es llevado de Dios, y no será sino de alguna presunción, cual se debe creer del que, dejando el camino evangélico, quiere luego saltar en los términos del alto amor. Y no quiere dedique los que se aparejan para el muy alto amor le dejen del todo en los principios, salvo que no se den en esos principios tan del todo a él que olviden el aparejo y camino evangélico que el Hijo de Dios nos declara; porque tanto será más cierto el aparejo cuanto más altamente se pusiere en el amor de Dios, haciendo los ejercicios que el Evangelio nos muestra y arriba está dicho que son menester para él.

Debe, pues, el humilde siervo que tan precioso licor quiere recoger en su ánima, para glorificar con suavidad de gloria a su gran Dios, ejercitarse primero muchos días en todo lo arriba escrito, y, sobre todo, en deshacerse de sí mismo. Y cuando se viere bien ejercitado en ello, o a lo menos suficientemente, si Dios nuestro Señor le socorriese con bendiciones de dulzor, gran aliento le serán para amar con ligereza; y faltándole, y aun ofreciéndose el tal dulzor, debe artificiosamente obrar de esta manera.

Traiga a su memoria brevemente cuán grande es el bien y gloria de Dios, considerándole muy bueno y dignísimo que todos se gocen del bien infinito que tiene, y luego incline su voluntad a querer y holgarse de aquel tanto bien de su Dios, y esté en aquel querer cuanto pudiere. Y si algo se derramare o entibiare, torne luego y dé la vuelta de la misma manera; y así, cuanto posible fuere, nunca deje de producir actos de querer todo este bien que Dios tiene y dar con el alma mil saltos de gozo, considerándole tan lleno de infinitos bienes; y del mucho continuar esto, es por fuerza que seamos llevados a alto amor.

Y no es otra cosa muchas veces producir actos de amor, sino como si uno oyese en una hora contar o decir cincuenta notables honras que a un gran amigo suyo habían sido hechas y se gozase de cada una. Cada gozo de estos, nacidos del bien querer, se llama un acto de amor.

Pues como la honra y gloria de Dios sean infinitas y de infinitas excelencias, y todo cuanto hace y tiene criado y cada cosa de ellas muestra singular honra suya, y no basten todos los momentos de nuestra vida para oírlas ni ponderarlas, debemos a lo menos amontonarlas todas so este nombre de bien y gloria infinita, y producir actos de la voluntad, inclinándola a querer y gozarse de ello todos los momentos de nuestra vida, pues se lo debemos más que a ningún amigo, y pues tanta parte nos ha de caber de su gloria por su magnífica merced.

Y podrá uno tanto ejercitar en estos actos, aunque le faltase aquel dulzor que llaman devoción, que en todo lugar y en todo negocio amase muchas veces a Dios, sin buscar lugar secreto ni recogimiento nuevo, como acaece cada día que un amigo se goza de algún bien que nuevamente oye haber venido a otro su amigo, el cual luego se goza sin esperar otro tiempo ni lugar ni desembarazo para gozarse.

Para los sobredichos actos va la vida en lo que está escrito en el segundo y sexto *notables* y en el capítulo del propio aborrecimiento, de donde se recogerá cómo se deban producir estos actos, y que todo se debe hacer porque Dios es dignísimo que hagamos esto; ni debe parecer cosa de embarazo acudir para esto a aquellos *notables,* porque a cabo de pocos días que lo hagan obrarán con ligereza sin acudir a ellos.

Podrá ser que a alguno parezca más ligera manera para haber este amor darse fuertemente a pedirle a Dios, con la manera de orar que se escribe en el capítulo de la oración, junto con los ejercicios virtuosos que habemos dicho, y si bien se mira, casi todo es uno; pero sin duda lo alcanzará más altamente y más presto el que con la tal oración se sabe aprovechar de aquel producir de actos del sexto *notable,* lo cual se hace en la oración y fuera de ella, como allí se declara, y en el capítulo noveno de las cuatro pasiones, porque en cada un acto de aquellos hay nuevo servicio y crecimiento.

§ 9.º Y porque acaece algunas veces esforzarse algunos a producir estos actos de amar y querer el bien y gloria de Dios, y de reducir todos los movimientos en su servicio, y hallar la voluntad embotada para ello, para proveer a este mal creamos que proviene esto de faltarnos el aborrecimiento santo que nuestro Redentor nos enseña, del cual está escrito arriba en el capítulo segundo de la segunda parte, o de alguna afición de alguna cosa terrenal, así como amor de algún placer no necesario o afición no bien ordenada de otra persona.

Y el que así se hallare boto, debe buscar diligentemente en sí la tal falta o afición y destruirla con muchos actos contrarios, como se dirá algo en el siguiente capítulo y se ha dicho arriba en muchas partes; porque no es otra cosa querer inclinar la voluntad a producir actos de amor de Dios sobre todas las cosas, no teniendo aquel odio santo y precioso aborrecimiento, o estando aficionado a otra cosa terrenal, o cualquier cosa que traiga placer no ordenado en Dios actualmente, o a lo menos virtualmente, en lo cual muchos no miran sino querer cortar con un mazo las cosas que requieren navaja o cuchillo bien afilado.

Creed que la voluntad que ha de producir muchos actos de verdadero y entero amor ha de estar tan aguda que tronce cuanto se le pusiere delante hasta llegar a Dios; y esta tal voluntad producirá holgando mil y muchos más actos de amor en un día, de los cuales el menor será de tanto merecimiento, que solo bastase para levantar a uno en alto grado de gloria en el cielo.

Y, al revés, el que con voluntad embotada de algún poco de amor no ordenado, como es dicho, se levanta a producir actos de amor, le es tan dificultoso el amor como al mazo el cortar, porque aquella alteza de perfecto amor no se compadece con tal vileza.

Y no se debe ninguno espantar de tantas diligencias como aquí se ponen para haber este amor, diciendo que sin tantas artes le alcanzaron muchos; porque, aunque cierto le alcanzaron muchos antes que esto se escribiese, pero quien bien sintiere lo que quiso decir nuestro Redentor cuando dijo que toda la ley pende del amor, conocerá que ninguno le alcanzó por vía común sin las diligencias que aquí se escriben, las cuales no son otras sino las que del santo Evangelio se sacan, declaradas de los santos doctores a este propósito, las cuales Dios nuestro Señor, por su magnífica merced, cada día ha declarado a chicos y a grandes escogidos suyos; por la cual merced quiso su bondad que con alguna brevedad se allegasen ahora en forma de arte para todos aquí escrita; para que, pues nuestra flaqueza crecía, abundase la ligereza de saber lo que tanto habíamos menester.

Y si algunos del todo dijeren haber alcanzado este amor sin ello, teman ser por ventura aquel amor flaco de que se dijo en el párrafo segundo, el cual, pues que se compadece con muchas tachas, como allí se dice, no es maravilla que se alcance sin arte y con poco trabajo.

2.
DEL AMOR DEL PRÓJIMO

Del amor que debemos tener con nuestro prójimo; y muestra primero por qué se pone este capítulo después del precedente, en que se habla del amor de Dios, y pone luego una gran regla general en el arte de servir a Dios, de la cual, particularmente aplicada, se muestra que debemos amar al prójimo en la manera que nos amó nuestro Redentor; y pone un desconcierto engañoso que suele haber en los que aman, y después un ejemplo que declara cómo se conoce ser nuestro amor por solo Dios.

Así como el capítulo del amor de Dios se puso después de todas las cosas precedentes, porque todas sirven para alcanzarle, así este capítulo y el que se sigue se ponen después de ese capítulo del amor de Dios, porque, si bueno ha de ser el amor que tenemos con el prójimo (de que aquí habemos de decir) y con nosotros mismos (de que se dirá en el siguiente) es por fuerza que nazca de ese amor de Dios.

§ 2.º Y para comienzo de lo que se ha de decir del amor del prójimo, notemos una regla aplicable en cada obra, y es que dos cosas conviene que mire el que a Dios quisiese siempre agradar: lo uno, qué quiere que hagamos; y lo otro, cómo quiere que se haga, porque muy poco haría el que hiciere lo que Dios quiere si no lo hiciese como quiere que se haga.

La más excelente de las obras que Dios quiere que hagamos es amarle y pensar en Él; pero si esta obra no hiciésemos como Él quiere (y se declaró en el párrafo segundo y tercero del presente capítulo) no sería mucho de agradecer.

Otra obra, segunda de esta y semejante a ella, que Dios quiere que hagamos, es que amemos al prójimo; pero por mucho que Dios lo quiere, si no le amamos como Él quiere, no alcanzaremos *illa sublimia pæmia* de los que bien aman, como san Gregorio dice; porque aunque *sacra eloquia non contradicunt* a la tal manera de amar, para que por ello pequen, empero no se hace como Dios quiere, porque *diligatis invicem, sicut ego dilexi vos*, dijo Su Majestad[1]. Será, pues, bien ver algo de cómo Él nos amó, para que así sepamos cómo quiere que amemos.

§ 3.º Amónos este soberano Señor encaminándonos a su muy alto amor. Amónos induciéndonos a los sinsabores de este mundo, y nunca dándonos suelta para los vanos placeres de él, salvo cuanto fuere menester para común mantenimiento. Amónos muriendo por darnos virtudes y gloria; y de esta

---

[1] *Io.* XIII, 34.

manera de amar fue el más amoroso del mundo, pero muy enemigo de todos los vanos amores que los amigos de ahora se tienen y muestran, porque son muy polvorizadores, y plega a Dios que no enlodadores de la voluntad, criada para templo de Dios. Creed que si no enlodaran el alma, no dijera el Hijo de Dios: *El que no aborrece padre y madre y hermanos, no puede ser mi discípulo.*

Debemos, pues, amarnos unos a otros de esta manera que nuestro sagrado Maestro nos enseña, despidiendo todas las otras vanidades que con el amor se suelen mezclar, de las cuales una que más toca a personas espirituales veamos aquí.

§ 4.º Se ofrece una persona virtuosa en el alma, y con ello graciosa en la conversación y presencia corporal; se aficionan a semejantes personas algunos espirituales, y en tanto grado, que casi les tiene preso el corazón a serles muy penoso dejar de verle y hablarle y no conocer del amor recíproco. Este es un vano amor, de donde ha venido a algunos trabajar mucho y aprovechar y servir poco; pero será bien mostrar su vanidad en manera que se vea bien claro, y sea por esta comparación.

Tenéis un amigo; este vuestro amigo tiene un siervo; tened el amor de este siervo de vuestro amigo tan preso el corazón, que holgáis mucho más de su conversación y de su habla que de la del amigo. Si dijeras que el amor que tenéis a aquel siervo le tenéis por amor de vuestro amigo, ¿quién no burlaría?

Porque, puesto que pueda ser que le comenzármeles a amar por siervo de vuestro amigo, pero pues el amor creció tanto que os deleitáis más con el siervo que con el amigo, claro es que ya no le amáis por el amigo, sino porque su conversación os es sabrosa. Pues cierto es tan para burlar decir que sea por Dios el amor que arriba se dijo, aunque por ventura tenga parte de amor espiritual. Y el verdadero devoto no debe contentarse con dar a Dios parte, sino el todo; de manera que todo el afecto se emplee en Dios o en algo que del todo se enderece a Él.

Despídase, pues, todo lo vano de aquel amor, pues que cierto no es ordenable en Dios lo que con más afición se ama en la criatura que en el Señor y Criador. Debe ser nuestro amor con todos con tanta afición cuanta puede nacer de la afición que a Dios tenemos, despidiendo todas las otras aficiones, para que se dé lugar a la que a Dios debemos. Y para despedir esto, aprovechará mucho lo que se contiene en el capítulo nono, en el párrafo segundo y en el *notable* sexto.

§ 5.º Visto, pues, ya algo de la manera de nuestro amor, y cómo se debe despedir lo no tal, pareció bien poner aquí un ejemplo que nos declare esta manera de amar; para lo cual cumple traer a la memoria aquel buen hijo de cuyo amor con su padre se dijo en el párrafo cuarto del precedente capítulo, donde a semejanza de aquel vimos cómo habíamos de amar a nuestro muy alto Padre; y así ahora veamos cómo a semejanza suya debemos amar a los criados de nuestro Padre, que son cuantos hay en el mundo, amigos y enemigos, y póngase la semejanza que sirva para los enemigos.

Pongamos que aquel padre, tan amado de su hijo y tan sin esperanza de provecho, tiene un mozo que quiere mucho; y como para sí no tiene mantenimiento, sino lo que su hijo le da, menos tiene para el mozo. Este mozo es enojoso y no nada provechoso a aquel buen hijo, y si en su querer estuviese despedirle, lo haría; pero por hacer placer y no dar pena a su padre, sin otro respecto, lo mantiene en su casa como a uno de sus hijos o criados que mucho ama, y así le habla y trata; y si se quisiese despedir, pesarle había, y le rogaría que no se fuese, porque a su padre no pesase de su ausencia.

De este amor saquemos una excelencia, y es que nace puramente del amor del padre. Y tal debe ser el amor que a nuestros prójimos tenemos; esto es, que considerando que son tan queridos de Dios que muriese por ellos, siendo todos sus enemigos, los amemos tanto a todos en todo lo bueno y que han menester para el cuerpo y alma cuanto solemos amar a los que mucho nos contentan, y esto aunque nos sea su conversación enojosa y desabrida; de manera que así les hablemos y así los proveamos de cuanto han menester, como muy queridos de aquel Padre y Señor que los quiere y lo manda.

Y debemos hacer todo esto con la más esforzada y ferviente voluntad que pudiéremos, porque
es cosa que a Dios agrada y quiere que hagamos, y
tiene voluntad infinita que lo hagamos así.

Miren en especial los que desean placer a Dios
que cualquiera que nos injuria nos da grande ocasión para crecer en su servicio; pues juntándose esta
ocasión de gran bien que nos viene con el mandamiento de Dios que lo quiere, ¿qué excusa tenemos
para no amar con entrañas encendidas a quien mal
nos tratare, y en especial considerando que aun
Dios se servirá de aquel en tan alta manera, como
ha hecho de otros pecadores? No se debe tener por
buen siervo el que no se goza en las afrentas que
por su señor se le ofrecen.

Téngase, pues, por dichoso el siervo de Dios
cuando, siendo combatido de injurias y males, la
sola gana de servirle hace estar tan firme, que no
ama menos al que su desconcertado apetito le haría
aborrecer que al que por abundantes beneficios es
forzado de amar. Es, empero, de notar que, aunque
el amor a todos deba ser igual, se debe primero con
afecto y buenas obras al virtuoso y bienhechor.

3.
DEL AMOR DE SÍ MISMO

Del amor que cada uno debe tener a sí mismo, y pone tres cosas que el tal amor contiene; y pone también una regla general muy necesaria en cada punto de nuestra vida, de la cual, particularmente aplicada, se muestra cómo se debe amar a quien de verdad se quiere amar, aplicando a esto las tres cosas sobredichas; donde también se declara la manera de alabar a Dios y del hacimiento de gracias; y después pone un ejemplo algo declarador de este amor; y, en fin, encomienda el gran provecho de que de bien leer esta breve *Arte* puede venir a todos.

Es cosa tan natural amarnos, que quien quisiere dar doctrina para ello debe hablar sin miedo de enojar, pues que nuestro apetito es tan crecido por el amor que nos tenemos, que aun enriquecidos de grandes cosas nos parecen pequeñas, porque aun para más nos amamos; y por esto el Hijo de Dios, nuestro gran Maestro, deseando que amásemos mucho a nuestros prójimos, como a gente por quien había puesto la vida, para encarecer con breves palabras cuánto quería que los amásemos, dijo: *Diliges proximum tuum sicut te ipsum*[2].

Pero porque la ceguedad del pecado cundió tanto, hasta quitarnos el saber cómo habíamos de amar, será bien proveer algo según que el santo Evangelio provee. Y notaremos que aquel diremos que se ama que tuviere tres cosas: la una, que con todas sus fuerzas procure cualquier cosa de donde le pueda venir bien. La segunda, que huya todo lo que le puede dañar o hacer mal. La tercera, que, aunque por alcanzar el bien se le ofrezcan algunos trabajos, no deje de aventurarse y ponerse a ellos. De estas cosas, por estar muy tocadas arriba, solamente se dirá aquí algo más necesario para que nos sepamos amar.

§ 2.º Para lo primero, que es que el que se quisiere bien o se ama, procure por cualquier cosa de donde le puede venir algún bien, notaremos una regla cada rato muy necesaria para que lo bueno se haga muy bueno; y es que en cualquier cosa, otra vez digo universalmente que en cualquier cosa que deseáremos o tuviéremos, dos cosas se pueden considerar: lo uno es el bien que de la tal cosa se nos viene o puede venir; lo otro es que Dios es servido que el tal bien nos venga.

Debe, pues, quien se ama y desea grandes bienes tener en poco el bien que a sí mismo puede venir de todo cuanto desea o hace; quiero decir que lo

---

[2] *Mt.* XIX, 19; *Lv.* XIX, 18.

tenga en poco, en cuanto bien suyo, en respecto de lo segundo, que es el servicio de Dios, y del cumplimiento de su santa voluntad, que de allí redunda; y para esto es menester el segundo *notable*.

Miremos que cada uno que se ama procura de mejorar todas las joyas y hacienda que tiene, si no es tal cual él querría; y así debe hacer el que se ama espiritualmente, porque Dios nuestro Señor nos dio una joya muy preciosa, con que nos podamos enriquecer cada rato, la cual se llama apetito natural.

Esta joya tenemos engastonada en cobre o en estaño tanto cuanto deseamos algo para nuestro bien o provecho propio, y nunca debemos descansar hasta que por la diestra del muy Alto se haga tal mudanza; que el apetito que bulle en nosotros, deseando algún provecho propio, ya no cure sino de cosas con que Dios huelgue; pues que, allende ser en esto lo que Dios quiere, aun a nosotros es más riqueza; pues que cuanto más olvidado tuviéremos nuestro provecho por acordarnos de la gloria de Dios, tanto más se acordará Dios de enriquecernos en todo bien.

¡Oh olvido de memoria perpetua! ¡Oh acuerdo de gloria eterna! ¡Oh amor precioso que de hombres hace dioses! Porque de este amor se ha de entender lo que san Agustín dice: Si amas a Dios, Dios eres. *Ego dixi: dii estis*[3].

---

[3] *Ps.* LXXXI, 6.

Y porque alcanzásemos tan alto amor de nosotros mismos, quiso nuestro Dios que nos aborreciésemos en aquello que los mundanos se suelen amar. Y esto quiere decir en el santo Evangelio, cuando dice que nos aborrezcamos, según está declarado arriba en el capítulo segundo de la segunda parte.

Sobre todo esté avisado el que se ama de verdad, que no se contente con el sabor que sentirá en los servicios que a Dios hace o en la gloria que espera; porque este sabor, aunque es bueno, como se dijo en el párrafo segundo del capítulo primero de esta tercera parte, pero no le da Dios para que nos contentemos con él solo, sino para que con él vengamos a tomar sabor en la consideración del bien y gloria y señorío que Dios tiene, y para que con grande aliento le alabemos; porque no es otra cosa la hermosura y alabanza de Dios sino un gozarnos de contar al mundo todas las grandezas de nuestro Señor, como se escribe en el salterio y en toda la Santa Escritura y como se presenta en todas las cosas criadas.

De lo cual, y de cada cosa que contáremos, y dijéremos y oyéremos, debemos recibir un movimiento de gozo, cual lo reciben los del mundo de ver alabar a los que mucho aman o a sí mismos; y pues ellos se gozan vanamente de la alabanza que no les pertenece, debe el siervo de Dios derretirse de gozo en alabanza de aquel a quien el cielo y la tierra no bastan alabar.

También el que se amare de verdadero amor, cuando sintiere haber recibido alguna merced de

Dios, debe con todas entrañas darle las gracias, no por ver a sí mismo más enriquecido, sino por verse con más fuerzas para que de él se pueda Dios más servir; como si un caballero se holgase de recibir alguna gran merced del rey porque con las mayores riquezas le podría hacer mayores servicios y placeres sin respecto de otras mercedes.

§ 3.º Y no es otra cosa hacer gracias a Dios (lo cual algunos no saben), sino un acto interior del alma, con el cual, reconociendo a Dios por Señor infinito de quien todo bien mana, se goza el que recibe el beneficio de toda la gloria de Dios y de verse más hábil por el tal beneficio para más amar y servir.

Y extendiendo más lo sobredicho, por ser gran cosa, notaremos que con el conocimiento y gozo que se acaba de decir debemos en cada merced que recibimos ofrecer a Dios todo cuanto somos, deshaciéndonos en la voluntad de nosotros mismos, para que del todo nos empleemos en cuerpo y en ánima en su servicio, produciendo a la sazón grandes actos, con que nos gocemos del gran poder y bondad de Dios, de quien nos vino la merced por la cual al presente le hacemos gracias.

Y porque mejor entendamos lo que se acaba de decir que nos debemos deshacer, quiero decir, que pues podemos siempre crecer en el deshacimiento de nosotros mismos o de nuestro propio amor, que debemos, cada vez que quisiéremos agradecer a Dios sus beneficios, deshacernos muy en especial, para mejor darnos del todo a Su Majestad.

Y debe el siervo de Dios estar muy en especial sobre aviso para que cada vez que agradeciere al Señor alguna merced recibida, que aquel movimiento de la voluntad con que huelga de la merced recibida sea, como arriba se tocó, actualmente por el bien que de allí le viene para más amar y servir a Dios, apartando de sí la consideración del bien que de allí conoce venir para sí mismo, porque así se apodere más en el solo amor de Dios y vayan las gracias más graciosas. Y cumple abrir los ojos, porque alguna vez se hará con algunas faltas y pensaremos que queda muy hecho.

Todo lo sobredicho tiene fundamento en lo que los teólogos y filósofos dicen, y es que el que quiere ser agradecido debe hacer por el bienhechor otra cosa que valga tanto o más que la que de él recibió. Y pues que de Dios recibimos todos los bienes, y cuanto podemos hacer por su servicio es poco en respecto del menor de sus beneficios, debemos a lo menos agradecérselos, según que está dicho, y con cuanto esfuerzo pudiéremos.

Con este mismo movimiento del entendimiento y voluntad, y con todos los aparejos ya dichos de nuestro propio deshacimiento, debemos cada día dar muy en especial gracias a Dios, que tanta merced nos hizo en tener Su Majestad tanto bien como tiene para sí mismo, y debemos dar las mismas gracias y de la misma manera otra vez cada día por las mercedes hechas a la Virgen nuestra Señora; esto es, que, considerando sus grandes bienes y gloria, lo agradezcamos a Dios con el movimiento sobredicho, como mercedes hechas a Señora que tanto amamos y a quien tanto debemos.

De la misma manera debemos agradecer a Dios en especial y singularmente, a lo menos una vez cada día, las mercedes hechas a todos los bienaventurados de la corte del cielo, y más en particular la gloria dada a aquellos santos a quien por su grandeza y nuestra devoción somos convidados a honrar en especial, así como son san Juan Bautista y san Juan Evangelista, san Pedro y san Pablo, y nuestro Padre san Francisco, y el ángel que nos guarda, etc. Dando singulares gracias, según es dicho, por cada bienaventurado de los nombrados, que cada uno por bien tuviere.

Debemos aún considerar las mercedes que del Señor reciben cuantos viven en este mundo, y en especial las hechas a los que mal nos tratan, y gozándonos de todo, dar singulares gracias por ello a nuestro gran Dios poderoso, de quien todo bien viene.

¡Oh cuán de verdad se ama el que siempre se ocupa en el sobredicho hacimiento de gracias! Pues que tomando por suyo el bien de todas las cosas, hace crecer su bien propio en inestimable manera, allende de que hace suyo todo lo ajeno; y tanto más crece, cuanto más por solo amor de Dios huelga y lo agradece todo sin respecto del tal crecimiento. Y en estas palabras postreras consiste lo más alto que se requiere para graciosamente dar gracias a Dios.

Cumple, para acertar en hacerlo así, que estemos muy acostumbrados a hacer todas las cosas, según se contiene arriba por todo el segundo *notable*.

§ 4.º Lo segundo que debe tener el que se ama, es huir todo mal y daño; y no plega a Dios que piense el que bien se ama que hay otra cosa dañosa sino el pecado o la ocasión de él.

§ 5.º Lo tercero, que se ponga a todo trabajo que para alcanzar esto se le ofreciere. Esto quiere decir que se ejercite muy enteramente en lo que se contiene arriba, en especial en la segunda parte, en el capítulo segundo y en el capítulo octavo y noveno.

Y allende de lo allí contenido, pareció bien poner aquí, a manera de ejemplo, una cosa algo penosa que muchas veces se ofrece, la cual es mucho menester para alcanzar este verdadero amor.

Cada día nos acaece hacer o decir alguna cosa de donde nos parece que quedamos corridos y que nos tendrán en poco los que lo oyeron o vieron, siquiera sea por alguna falta natural, como haber mal predicado, o mal hablado, o contado, u otra cualquier cosa, siquiera sea por algún desenfrenamiento de costumbres, como destemplanza de la mesura del rostro y de palabras airadas, etc.

El que verdaderamente se ama debe considerar dos cosas en cada uno de los tales acaecimientos.

Lo primero es la confusión que del tal caso se le ofrece. Lo segundo, el mal ejemplo que por ventura los otros tomarán.

Cuanto a lo primero, que es su confusión, notaremos que comúnmente, en tal caso, es refugio que todos tienen consolarse a sí mismos, animando aquel hecho o dicho, considerando que por ventura no lo miraron tanto cuanto él piensa, o, si lo miraron, que cada rato caen los otros en semejantes defectos, o que ya lo tendrán olvidado.

Esto hacen los que flacamente se aman; pero los que de verdad se aman, hacen al revés; esto es, que con grande amor abrazan aquella confusión, considerando que los tendrán en poco según la común costumbre del mundo; y que los tendrán por de poca virtud y para no nada, lo cual todo es un vehemente acto de paciencia y humildad, de los cuales, como arriba es dicho, muy pocos bastan para engendrar excelentes hábitos, allende que en cada acto de ellos enderezado en Dios hay gran servicio; y si estamos avisados, cada día se nos ofrecerá ocasión de obra o de pensamiento en que podamos hacer lo sobredicho, lo cual todo pierden muchos que se piensan ser devotos, por vivir sin arte y descuidados.

Y en cuánta estima debe tener cada uno de estos actos el que de verdad se ama, nótelo el siervo de Dios para aquí y para todos los lugares donde arriba se habla de estos actos de la voluntad, y hallarlo ha muy claro en el párrafo séptimo del capítulo primero de esta tercera parte.

§ 6.º Lo otro y segundo que dije que se debía considerar en aquellos o semejantes casos que traen confusión, es algún mal ejemplo que los otros pueden recibir. Y cuanto a esta consideración, debe el siervo de Dios producir luego acto de dolor, porque por ventura fue ocasión de mal o de menos servicio de Dios; y así de uno y de otro habrá ganancia el que se sabe amar.

Este que todas estas cosas tuviere, digo que se ama; porque poniendo todo su amor en Dios y quitándole de sí y de todas las otras cosas, por estar más capaz para solo Dios, vivirá muy más contento en esta vida y con más alta gloria en el cielo, aunque él no lo debe hacer, salvo por solo este Señor, cuyos somos más que nuestros, y a quien debemos más que a nosotros, y quien tiene más cuidado de lo que nos cumple que nosotros, y quien trabajó más por darnos la vida que nosotros por haberla.

§ 7.º Concluyendo ya, pues, nuestra obra, y encerrándola en dos puntos esenciales: bienaventurado quien todos sus movimientos y obras obrare por solo Dios, como está declarado, y bienaventurado quien asentase fuertemente en su alma la multiplicidad de actos que por todo este tratado se ponen. Los cuales el buen artista debe muy enteramente saber, y el gran siervo de Dios innumerables veces poner en obra; pues que no puede ser, otra vez digo, que no pueda ser muy estimado servicio sin que actualmente vaya asido con algún acto de la voluntad, según está en cada *notable* y capítulo derramado.

Lean, pues, todos esta breve *Arte*; léanla los que la saben, porque con más ligereza se acuerden cómo se quiere servir el muy Alto. Léanla los que no la saben, porque alcancen tan alta ciencia; pues cierto verá muy claro quien bien sintiere que en un año hará mucho más y mayores servicios de los que son preciosos delante de Dios quien se diere a ella, por la grande ayuda que recibirá de sus avisos, que no en diez años no ayudándose de ella o de otra semejante, si Dios nuestro Señor se la diere.

Prueba esto de la grande necesidad que todos confiesan haber en el mundo de libros y santas palabras que nos adoctrinen, pues que por esto se escribió el santo Evangelio y cuanto bueno hay. Y en esta breve *Arte* se pone muy en especial la manera de muy altamente poner en obra todo lo allí escrito.

Pruébalo también la confesión de muchos, que pensando tener harto amor de Dios según su flaqueza humana, y que le servían según su voluntad, y leyendo esto, afirmaban casi nunca haberle servido y servirle ahora más en un día que antes en diez; y manifestarlo ha más la experiencia de los que, leyendo muchas veces, quisieren obrar como aquí se dice; esto es, que obren y siempre obren a gloria y alabanza de aquel gran Dios poderoso, cuyas grandezas y bien soberano con todo corazón y entrañas alaben todas las criaturas para siempre jamás. Amén.

ESTE LIBRO, PUBLICADO POR
EDICIONES RIALP, S. A.,
MANUEL URIBE 13-15, 28033 MADRID,
SE TERMINÓ DE IMPRIMIR EN
ANZOS, S. L., FUENLABRADA (MADRID),
EL DÍA 29 DE SEPTIEMBRE DE 2025.